AF302030

Les véritables héroïnes de la Seine

*Le voyage de la Seine raconté
par les chaussures du Fleuve-trotteur.*

Patrick Huet.

Sommaire

Un carnet de voyage original – une écriture inédite.

Le carnet de voyage de Patrick Huet
Raconté selon le point de vue
des chaussures du marcheur.

Patrick Huet a longé toute la Seine à pied, de la source à la mer.

Il aurait pu vous relater son périple de façon traditionnelle selon son propre point de vue et ses propres sensations, comme il l'avait déjà fait auparavant dans d'autres ouvrages.

Mais pour ce livre, il a trouvé plus intéressant de donner la parole à ses chaussures.

Cela entraîna pour lui un renouveau dans son style d'écriture et la création de nouvelles façons de s'exprimer… tout en respectant à la lettre ce qui s'était réellement déroulé au cours de ce voyage.

Une vision panoramique de toute la Seine.

Vous découvrirez donc dans ce livre, tout ce qu'a vécu le Fleuve-trotteur au jour le jour, aussi bien les heures glacées de la nuit que les ardeurs du soleil de midi. Mais également un panorama saisissant de l'ensemble de la Seine, du ruisselet de la source jusqu'à l'immense estuaire de son entrée dans la mer : les chemins, qu'ils soient broussailleux, épineux ou magnifiquement sablés, la description des lieux, des édifices, les châteaux, les forêts et les champs, sans oublier les personnes rencontrées.

Car, bien que racontée selon le point de vue des chaussures, c'est évidemment la perception du Fleuve-trotteur qui s'inscrit dans les lignes de cet ouvrage.

Les chaussures,

les véritables héroïnes de la Seine.

Tout a commencé par un joli matin d'été, comme dans les plus beaux contes de fées.

Elles étaient dans le magasin, éblouies par les lumières qui rayonnaient sur les étagères, ne pensant à rien de précis, quand soudain il apparut.

Elles avaient remarqué ce garçon brun dont les lunettes réfléchissaient l'éclairage qui tombait des néons.

Elles l'avaient repéré à sa façon de se pencher sur les étagères et d'examiner les chaussures qui y étaient disposées. A sa manière aussi de se déplacer qui dénotait l'allure souple du marcheur de longue haleine.

Et déjà, avant même qu'il ne tourne la tête en leur direction, elles espéraient du fond de leurs fibres qu'il tomberait sous le charme de leur belle robe. Mais il ne les avait même pas vues, focalisé qu'il était par la superbe apparence de leurs consoeurs.

Et puis soudain, l'impensable se produisit.

Il s'approcha d'elles, caressa leur robe, les pressa dessous, dedans, les plia et... les plaça sur ses pieds.

Pour la première fois, elles sentirent leurs lacets rouler dans leurs oeillets, tirés par les doigts robustes du garçon. Comme elles étaient fières de se parer de ce premier noeud qu'elles attendaient depuis si longtemps, et d'enrober si fermement les pieds auxquels elles s'ajustaient !

Un premier pas, un deuxième, un troisième... Jamais elles n'oublieraient cette première sensation de voler sur le carrelage du magasin, transportées par la grâce qui émanait des pieds qu'elles accompagnaient. C'était si merveilleux qu'elles se sentaient prêtes à parcourir les trajets les plus insensés à travers le monde.

Elles ne savaient pas que leurs voeux seraient bientôt réalisés.

Aujourd'hui, rangées de leur long parcours, elles se souviennent avec émotion de cet instant où elles avancèrent dans l'herbe tendre du parc des sources de la Seine.

Elles étaient jeunes alors, rutilantes de netteté. Leurs neuves semelles crissaient sur le sable déposé au bas du bassin de la source par ceux qui avaient conçu ce parc, appelé jadis Parc Haussmann.

Elles épousaient fièrement les pieds du Fleuve-trotteur, enthousiasmées à l'idée de le porter jusqu'à la mer, 776 kilomètres plus loin.

Dès le premier jour, c'était la pluie, une fine ondée aux allures de rosée qui ne les mouilla que superficiellement. Elles s'enorgueillaient de protéger leur propriétaire qui aurait été contrarié d'avoir les pieds trempés alors qu'il entamait son périple.

Qu'il était délicieux de se glisser entre les troncs de ce petit bois qui ne quittait pas les abords du ruisseau ! Son cours paisible s'accordait à leur rythme de déplacement.

A la fin de l'étape, quand le Fleuve-trotteur les disposa un moment à l'air libre, elles s'évertuèrent à sécher rapidement la transpiration que les pieds avaient exsudée sous l'effort de la marche et à en évacuer les odeurs. Plus tard, quand l'obscurité descendit sur les prairies et les bois, elles remercièrent Patrick Huet de les rentrer à l'abri de la minuscule tente pour éviter qu'elles ne s'alourdissent durant la nuit de l'intense rosée qui recouvrirait les alentours. Elles étaient fières de se reposer à côté de ses pieds et de le voir glisser dans un sommeil qu'elles espéraient réparateur.

En ces lieux où la jeune Seine naissait au grand monde, pas d'installations de camping, évidemment. Cette première nuit d'aventure, nos deux héroïnes la passèrent à proximité d'un cimetière.

Elles ne s'en effrayèrent pas. Le site était particulièrement tranquille. Et d'ailleurs, pourquoi auraient-elles craint l'apparition d'un spectre puisque leur propriétaire ne les appréhendait pas ?

Tandis que la campagne voguait au pays des songes, elles, qui ne dormaient jamais et ignoraient ce qu'il en était de ces temps de silence, se remémorèrent le fil de cette journée. Maintenant que l'obscurité éteignait les sonorités, elles disposaient d'une libre attention pour se rappeler la cadence des événements depuis tôt le matin.

Ajustées aux pieds du marcheur, elles avaient résonné sur le carrelage d'un large espace fréquenté par une multitude de collègues chaussures. Elles n'en avaient jamais vues autant à la fois et d'une telle diversité, et toutes pressées vers quelques lieux mystérieux.

De temps à autre, une voix tonnait sous le grand hall : « le train en provenance de… et à destination de… est annoncé voie... » ou encore « Vous êtes arrivé à Lyon, terminus de ce train ». A un moment, les pieds de leur propriétaire leur firent monter des escaliers roulants, grimper deux marches métalliques fixées au bas d'une longue machine soutenue par des roues, métalliques elles aussi.

Peu après, alors qu'elles reposaient sagement, la machine ronfla, gronda sous leurs semelles et prit de la vitesse. Deux heures plus tard, une voix tonitrua : « Mesdames, Messieurs, notre train arrive en gare de Dijon, son terminus. Tout le monde descend de voiture ».

C'était le premier juillet 2004.

Que de nouveautés en cette matinée !

Depuis plusieurs jours, elles avaient bien deviné que le Fleuve-trotteur préparait quelque chose d'exceptionnel à la fébrilité qui animait ses jambes, mais elles n'imaginaient pas un tel foisonnement de chaussures qui zigzaguaient dans tous les sens, d'abord dans une première salle géante puis dans cette seconde annoncée comme Dijon dans les haut-parleurs.

Quelque temps d'attente à l'extérieur, puis d'autres chaussures s'approchèrent d'elles. Leur comportement différait de celles qui slalomaient dans le grand hall. Elles accompagnaient le mouvement de personnes qui semblaient connaître leur propriétaire. L'une d'elles se présenta comme l'adjointe à la mairie de Dijon, plusieurs autres comme des membres de la confrérie des Avalants Navieurs des chemins d'eau, et son président Jean-Noël Blanquart.

L'adjointe... oh ! Elles comprenaient à présent. Leur porteur avait organisé une petite rencontre avant son voyage.

Car au vu de l'énorme paquetage qui juchait sur ses épaules, ainsi que de la toile de tente et du tapis de sol accrochés au sac à dos, il était indéniable qu'il s'en allait pour l'aventure... Elles en auraient crié de joie si elles avaient été dotées de la parole. Et quand le propriétaire d'une des paires de chaussures qui vaquaient aux alentours, journaliste de Radio Nostalgie, se proposa de réaliser une interview, elles s'efforcèrent à briller de leur plus belle robe. Qui sait si ce lustre ne franchirait pas le champ des ondes acoustiques pour parvenir au regard des auditeurs ?

Echanges amicaux, conversations... Puis, lorsque l'adjointe souhaita un bon voyage à l'aventurier des fleuves, elles se frottèrent les lacets de joie et s'apprêtèrent à bondir sur la route. Mais elles durent encore patienter avant d'aborder leur périple. D'après ce qu'elles retinrent des discussions et de ce qu'elles apprirent de leurs consoeurs chaussures, Jean-Noël Blanquart conduirait le Fleuve-trotteur en voiture à la source de la Seine, lieu de son véritable départ, accompagné de quelques autres confrères des Avalants Navilleurs.

Tout ce petit monde d'hommes et de chaussures se retrouva 40 kilomètres plus tard dans un grand parc à la verte pelouse.

Deux autres chaussures les accueillirent. Elles portaient, disaient-elles, les pas d'une dame journaliste, correspondante du journal Le Bien Public, qui souhaitait transmettre à ses lecteurs l'extraordinaire événement de cet été, à savoir : la descente de la Seine à pied.

La Seine ? Drôle de nom. Qu'était-ce donc que cette chose qui ne signifiait encore rien pour elles, jeunes demoiselles-chaussures qui venaient à peine de quitter les rayonnages du magasin de sport ? Leurs consoeurs s'empressèrent de les renseigner, et elles en furent époustouflées.

Alors, c'étaient elles qui seraient chargées de conduire cet audacieux à bon port ! De lui faire franchir les ronces et les rochers, de l'aider à grimper les pentes abruptes, de protéger ses pieds des rudesses du sol et d'en apaiser les heurts.

Quel incroyable destin les attendait, et quelle responsabilité pesait sur le souple de leurs semelles !

Au-dessus de leur col, le Fleuve-trotteur écoutait la journaliste. Comme il avait déclaré à la dame n'avoir voulu prendre aucune information au sujet de la source ni visionner la moindre photo pour se réserver le charme entier de la découverte du site sans être influencé par des images ou des opinions, elle entreprit de lui en faire visiter l'essentiel.

Elle invita le petit groupe à la suivre jusqu'à la grotte de Séquana, l'endroit précis où la Seine sourd de la terre. Un bassin avait été construit autour de cette source, berçant ses premières eaux et cajolant une sculpture nommée « nymphe de la Seine » avant que le léger ruisseau ne glisse à travers le parc en direction de la mer.

Des fouilles avaient mis au jour les vestiges d'un temple dédié à Séquana, ajouta la journaliste, soulignant que les lieux de ces fouilles, maintenant clôturés et abandonnés à la végétation envahissante, étaient inaccessibles. Elle conta bien d'autres faits, mais les humaines conversations cessèrent d'intéresser les jeunes chaussures, si pressées étaient-elles de se lancer vers les sentiers qu'elles devinaient très proches, au-delà du parc.

Un mot magique « photo » fit subitement dresser leurs semelles de toute la souplesse de leurs rainures. Elles sourirent de leur plus belle blancheur devant le flash de la journaliste. Ensuite leurs consoeurs chaussures des Avalants navieurs les accompagnèrent à la sortie du parc et sur le début du voyage. Elles leur dirent au revoir peu après et chacune se sépara.

Enfin le grand départ !

Le vrai. Celui où elles bondissaient sur le chemin de terre qui filait d'un trait rectiligne à travers la forêt. La Seine en ruisseau lançait par moments des éclairs entre les massifs touffus et les troncs quelquefois abattus au-dessus de son cours.

Temps humide. Pluie fine dont elles perçurent à peine le baiser.

Le plus souvent, elles ne voyaient rien du ruisseau tant la végétation était dense et que seul le chemin captait leur attention.

Puis l'horizon se dégagea, s'élargit de tout côté. Disparus les arbres aux branches emmêlées. A la place, une grande étendue herbeuse qui finissait par un immense lac.

S'agissait-il de la Seine qui, par la magie des accidents du terrain, venait de passer en quelques secondes de l'état de ruisseau ondoyant à la vastitude d'un fleuve ? La présence d'un mur de pierre et de béton en aval démontra vite que cette soudaine amplitude n'avait rien de naturel, mais résultait d'un travail humain. Au fil des jours, les eaux s'étaient accumulées en amont du barrage, formant ainsi un lac de retenue, ce qu'on appelait par ici, un étang.

A hauteur de cet étang, une route de campagne, large pour leurs semelles, les accueillit dans une invitation vibrante à continuer. Elles portèrent leur attention aux maisons du petit village qu'un panneau nommait Saint-Germain-Source-Seine.

A partir de cet instant, l'horizon leur offrit un ciel immense, sans fin, une toile qui variait entre gris clair et gris foncé, chargée de tant de gouttelettes en suspension qu'il en émanait une clarté reposante. Sous cette luminescence opale moutonnaient des prairies à l'herbe fraîchement coupée. Ce fut un ravissement pour elles que de les longer, de croiser non loin de la route quelques vaches indolentes, de voir la Seine gagner en profondeur, et de s'aventurer sur les ponts aux pierres séculaires qui se succédaient.

Elles traversèrent de nouveau une petite forêt avant de retrouver plus loin la toiture infinie du ciel. Un hameau après l'autre, elles découvrirent le paysage verdoyant de la campagne et des fermes.

A l'entrée d'Orret, elles sentirent que leur propriétaire projetait d'y faire étape. Ses pas filaient moins rapidement comme s'il cherchait quelque chose.

Il s'arrêta juste à la sortie du minuscule village pour grignoter parmi ses provisions. Cette promenade de mise en forme du premier jour lui avait ouvert l'appétit. Quant à elles qui ne ressentaient aucune sensation de cette sorte, elles attendirent patiemment qu'il eût fini de manger.

Songeait-il à dormir ici ? Apparemment pas puisqu'il revint vers le petit cimetière sur lequel il avait jeté son premier dévolu tout à l'heure avant d'abandonner les lieux tant les deux arbres qui lui servaient de parapluies géants bourdonnaient de guêpes.

Cela dit, maintenant qu'il se reposait dans la tente, il ne craignait plus d'être importuné par des piqûres.

La nuit fut agitée.

Elles avaient pensé que, enjoué par cette promenade de quelques heures et bercé par le calme environnant, il dormirait à lacets fermés... ou à poings fermés puisque les humains ne possèdent pas de lacets. Ce fut l'inverse.

Dans l'obscurité secouée d'averses, il se réveillait par intermittence, se frottait les bras, se tournait et se retournait. Un froid humide le glaçait... elles le sentaient par leur proximité avec ses pieds, bien que pour elles toute température se valait et ne leur importait en rien.

Entre deux averses, des pépiements innombrables cascadaient sur la tente. Les oiseaux ne dormaient-ils jamais ? Un étrange aboiement se manifesta avant de s'estomper aussitôt.

Quelque temps avant l'aube, elles entendirent le Fleuve-trotteur se réveiller complètement, mais rester allongé. Puis, profitant d'une accalmie, il se leva, les enfila et replia rapidement la toile de tente.

Plus de guêpes dans les branches, à cause des averses certainement, ou peut-être que durant la nuit, elles se blottissent dans leur nid. Les oiseaux les avaient remplacées. Une lumière pâle blanchissait le firmament.

Ravies de ce départ matinal, les chaussures s'enfoncèrent gaiement dans les hautes herbes d'un champ qu'une pancarte avait annoncé comme étant le GR2, le chemin de Grande Randonnée conduisant directement à Paris. Un champ ? Plutôt une mer de tiges souples mouillées de pluie qui trempèrent le pantalon au-dessus de leur col.

Malgré tout leur effort, l'eau pénétrait peu à peu l'intérieur de leur robe et finit par atteindre les chaussettes.

Au bout d'un moment, elles sortirent du champ pour se retrouver bientôt à un croisement où s'épanouissait... une absence totale de panneau indicateur. Elles perçurent la brève hésitation du marcheur. Fallait-il prendre la droite ou la gauche ? La première voie les mena à un autre champ. La seconde, plus riche de potentialités le fut encore plus de surprises quand elles se contemplèrent deux heures après à l'endroit précis où elles se tenaient la veille lorsque leur propriétaire avait décidé de se rendre à Orret pour son étape du soir.

Elles sentirent nettement sa furieuse déception. Attaquer les chemins des heures durant pour arriver, 16 km plus tard, au même endroit qu'auparavant, voilà de quoi agacer plus d'un. Elles perçurent également sa détermination de ne plus jamais se fier à des panneaux de GR, de suivre au contraire ce que son regard lui montrait.

Avec satisfaction, elles le virent quitter le sentier balisé et longer le ruisseau par une voie certes plus mouvementée, mais aussi plus proche de l'eau qu'elles distinguaient en permanence. Et puis, quel plaisir de bondir par-dessus les racines qui sortaient du sol çà et là et de mordre un terrain accidenté de creux et de bosses ! Par un étrange effet, la végétation herbeuse poussait au ras de la terre, trop courte cependant pour les gêner réellement.

La brume matinale s'effilochait et retombait sur leur robe en minuscules gouttes. Facile de leur opposer un rempart. Toutefois, les pieds déjà trempés par leur navigation dans les champs ne craignaient plus grand-chose de ces bruines fugaces.

Des parcelles de forêts assombrissaient par moments la route qu'elles empruntaient.

Soudain, un éclair de couleur, des façades pulsantes de lumières qu'un rayon de soleil fit étinceler. Elles en restèrent ébahies. « Le château de Quémigny » s'était exclamé leur propriétaire qui en perpétua l'image par une de ces photos dont il avait le secret. C'était juste après Baigneux-les-Juifs où il s'était arrêté pour admirer les anciennes demeures.

Au fil des chemins, ici et là au croisement d'un cimetière, il jouait du biceps pour actionner les vieilles pompes afin de remplir sa gourde.

Vint un moment où, comme la veille, elles sentirent une vibration différente dans ses jambes alors qu'il lisait un panneau mentionnant le village de « Saint-Marc ». Elles chantèrent un petit bonsoir à la Seine aux eaux peu profondes, à fleur de galets quelquefois, puis le conduisirent vers un lieu propice à son bivouac. Il se détermina pour l'orée d'une forêt dont l'une des allées convenait parfaitement à ses souhaits de discrétion.

Un quart d'heure plus tard, placées devant la toile de tente, elles le virent se laver à l'eau de deux bouteilles tout juste achetées à l'épicerie locale.

Elles ne purent s'empêcher de songer que s'il avait patienté, il aurait profité des douches naturelles qu'en ce jour d'averses le ciel ne manquerait pas de lui procurer. Ce qui fut le cas par la suite, mais il s'occupait alors de rester à l'abri dans la tente.

Lorsque leur robe fut suffisamment sèche et aérée, selon son point de vue, il les rentra et les maintint à proximité de ses pieds.

Comme la veille, la nuit fut agitée, plus encore si cela était possible. Une turbulence de remous, de réveils en sursaut et de grelottements de froid. Au loin, des hiboux tintaient les ténèbres de hululements veloutés.

« Cinq heures trente ! » s'exclama le Fleuve-trotteur en examinant sa montre.

Elles notèrent que l'une des vertus des nuits froides était d'écourter ses sommeils. Pour elles qui ne connaissaient pas ces étourdissements nocturnes, se lever tôt ou tard n'avait pas d'importance. Mais pour lui qui s'imprégnait d'humidité et de buée glaciale, il était impératif de sortir et de se réchauffer à la faveur de sa marche.

Elles s'efforcèrent de serrer au mieux ses pieds afin de lui préserver le maximum de chaleur que leur protection permettait. Puis elles l'accompagnèrent dans son retour vers la Seine. Ce fut une merveille d'en suivre le ruisseau élargi et les méandres qui jalonnaient son cours.

Leurs semelles humaient les parfums qui montaient des champs environnants, lesquels dessinaient un paysage plus vallonné encore que la veille, recouvrant la campagne de la magnifique blondeur des blés presque mûrs.

Elles frôlèrent aussi des prairies aux herbes extraordinairement vertes.

Par moments, des nuées de papillons jaillissaient autour d'elles et s'envolaient dans la fraîcheur matinale.

Elles parvinrent ainsi, pimpantes et joyeuses, aux premières maisons qu'elles devinèrent être les prémices d'une ville.

La voix au-dessus d'elles tinta : « Châtillon-sur-Seine, la première ville de la Seine ».

Une particularité les étonna, la Seine s'y séparait en deux bras formant une île à l'intérieur même de la ville. Le premier, elles auraient pu le traverser à gué au regard de son faible niveau. Pour le second en revanche, c'est en sous-marin qu'elles auraient dû s'y engager, la profondeur y était importante. Toutefois, le sujet demeurerait une éternelle question, car leur propriétaire préféra la voie aérienne à celle des fonds aquatiques.

Tiens ! Quelle épine ou quelles orties piquèrent-elles ce dernier pour qu'il s'attarde autant dans la ville ?

Elles, si disposées à bondir sur les chemins de l'aventure, elles qui ne rêvaient que de voltiger à travers les herbes... les voilà obligées de patienter, immobiles, sous les pieds de leur porteur, tandis que celui-ci s'attablait dans la salle d'un café (« le bar du cadran », paraît-il) à griffonner quelques notes sur son carnet et à dévisager son téléphone qu'il venait de brancher à une prise électrique.

Sans doute s'était-il assis dans le but de recharger son appareil à parler, car il ne leur semblait pas que ses jambes fussent lasses. Au contraire, elles vibraient d'énergie. Alors pourquoi cette station inhabituelle ?

A moins que... Mais bien sûr ! Elles avaient oublié qu'il avait rendez-vous en fin de matinée avec un journaliste. Ce dernier arriva peu après, Eric Chazeron du journal le Bien

Public, et s'avéra captivé par l'expédition qu'elles entreprenaient depuis trois jours déjà. Et, summum de la rencontre, il immortalisa leur image par une photo de leur robe et de leurs beaux lacets si joliment noués.

Si après l'entretien, les chaussures avaient pensé reprendre leur périple immédiatement, elles en furent pour leurs frais.

Auparavant, leur propriétaire les emmena effectuer quelques emplettes du côté d'un supermarché. Des achats plus longs que d'ordinaire. D'habitude, il s'arrêtait juste le temps de se ravitailler, surtout de l'eau en abondance, et puis s'empressait sur la route, avide comme elles de retrouver les grandes voies de liberté à ciel ouvert.

Aujourd'hui, rien de tel. Il s'intéressait au rayon vêtement, heureusement pas celui des chaussures. Elles auraient été bien tristes s'il avait décidé de se séparer d'elles. Non, il se concentrait sur les habits de torse. Elles l'entendirent poser une question au sujet de pulls. Des pulls ? Il n'y en a pas en été, ce n'est pas la saison.

Saison ou pas, il ne se laissa pas démonter et finit pas dénicher un sweat-shirt à capuche et longues manches. Il émanait du tissu une compacité propre à barrer les chutes de température. Une étiquette lui accordait le nom de 'polaire'.

Un bon choix, jugèrent-elles, en songeant qu'il avait dû avoir terriblement froid la nuit dernière pour vouloir acquérir à tout prix n'importe quoi qui ressembla de près ou de loin à un pull. Il est vrai qu'elles se souvenaient l'avoir entendu longuement grelotter.

Journées pluvieuses et nuits glaciales signaient ce début de juillet. Rien de ceci ne les dérangeait, mais un humain vivait ces variations très différemment.

Après quelques va-et-vient dans Châtillon-sur-Seine, elles se glissèrent au-delà de la ville sous un ciel empreint de nuages. Elles allaient tranquillement sur cette petite route de campagne qui serpentait entre prairies et hameaux, s'avancèrent timidement près d'une carrière de pierres.

Le Fleuve-trotteur nota le nom de « Carrières d'Etrochey » sur ses feuilles tandis qu'elles jetaient, de loin, une semelle curieuse à leurs excavations. Il n'y porta, quant à lui, qu'un regard nonchalant.

Les roues d'une voiture crissèrent légèrement et s'arrêtèrent à leur hauteur. Quelqu'un s'adressa à leur propriétaire, relatant qu'il venait de recevoir son courrier le matin même et tenait à le saluer dans son aventure. Sympathiques, les habitants par ici. Auparavant, c'était le maire du village de Sainte-Colombe qui l'avait félicité.

Les jambes débordaient de vitalité. Cependant, à la façon dont leur porteur inspectait les prairies environnantes, les faisant longer doucement les haies, s'approcher et se retirer des petits bosquets, elles devinèrent qu'il cherchait un endroit approprié, c'est-à-dire à l'abri des regards, pour y passer la nuit. Il les firent s'arrêter dans une parcelle illuminée d'une herbe courte et dorée, rappelant par instants la savane des pays africains. Pas de bêtes sauvages, heureusement, ni de taureaux fougueux.

Assis sur son tapis de sol, il les ôta de ses pieds et les mit à sécher sous les chauds rayons, puis exerça ses canines voraces sur les provisions sorties de son sac. Il avait à peine commencé que le soleil s'engouffra par une brèche dans les nuages.

Non loin de là, derrière le rideau d'arbres, la Seine coulait dans une largeur modeste, une huitaine de pas tout au plus.

Des caquètements d'oies s'élevèrent au loin. Des guêpes minuscules, pas plus d'un centimètre de long, fulguraient autour d'elles, se posant bravement sur leurs lacets ou sur leur col, mais disparaissaient encore plus vite sitôt que la main du voyageur esquissait le moindre geste en leur direction.

Avant de s'endormir, il avait pris le temps de remplir son journal. Pendant qu'il jouait du stylo sur les pages quadrillées, elles vibraient toujours des événements du jour. Quelque part durant la journée, elles l'avaient entendu jubiler soudainement. « Ça y est ! J'ai une idée de livre. J'inventerai une histoire entre la sirène Séquana, qui se trouve la source de la Seine et un monstre qui ravage les environs, le dinosaure pétrifié que j'ai croisé dans la forêt. »

Un dinosaure ? Quelle drôle de prétention !

D'accord, deux jours plus tôt en pleine forêt à Oigny, il s'était arrêté devant un mystérieux amoncellement et en avait pris une photo troublante selon ses dires. Pour ce qui était des dinosaures, elles n'avaient pas remarqué dans cet empilement l'ombre d'une dent. Juste quelques troncs d'arbres abattus dans un sous-bois ténébreux et dont les racines évoquaient vaguement la forme d'une carcasse nudifée par les âges.

Et pourquoi parlait-il de sirène ? D'après la journaliste du premier jour, la statue à la source mentionnait l'inscription « nymphe de la Seine » et non « sirène de la Seine ».

Mais... étaient-elles bêtes ? Il avait déclaré qu'il inventerait l'histoire d'une sirène nommée Séquana, pas d'une nymphe. Pourquoi pas finalement, si cela convenait mieux à ce qu'il ressentait ? Un poète marcheur qui voyait un dinosaure en des troncs fracassés pouvait tout autant percevoir une sirène sous les traits de Séquana.

La nuit ne fut pas plus sereine que les précédentes. Le sweat polaire, efficace pendant un temps, finit par laisser filtrer l'air glacé à travers ses fibres. Pourtant, il ne faisait pas si froid que cela selon les critères humains, dans les 7 ou 8 degrés. Mais il est certain que pour un mois d'été, ce n'était pas la température idéale.

(4 juillet 2004)

En conséquence, à 6 h 35 du matin, le petit jour les vit trotter sur une route de campagne aux lignes épurées. Leur propriétaire semblait frais et dispos en dépit des aléas de la nuit.

Tout à leur joie de fouler l'aventure, elles n'avaient pas noté, la veille, à quel point le paysage avait changé d'aspect depuis leur départ de Châtillon-sur-Seine. Elles voguaient désormais dans une plaine si vaste qu'elles n'en distinguaient pas de limites.

Le grand jour inonda rapidement la route et les prairies. La Seine pétillait d'éclairs en ce matin de soleil. Le ciel étincela de bleu. Par moments, quelques nuages poussés par un vent fort les saluaient du haut de leur mouvante blancheur. Leur apparence se modifiait constamment.

Le Fleuve-trotteur s'empara vivement de son appareil photo pour en saisir les étonnantes compositions. « Tiens, on dirait un calice qui se transforme en plume, s'exclama-t-il ! » Touché par l'inspiration, il ajouta : « Voilà une belle idée de livre que me propose le territoire de Vix. Il s'appellerait ' La plume de l'aventure au parchemin du ciel...' écrivant et décrivant la parure du paysage et des personnages. »

Un peu long pour un titre de livre, songèrent-elles. Quoi qu'il en soit, il avait tout le temps devant lui pour affûter sa propre plume, car pour l'instant, c'était sur sa marche qu'il devait se concentrer. D'ailleurs, si ses pas se mouvaient avec l'aisance et la souplesse de ceux d'un jaguar, elles n'étaient pas peu fières d'y contribuer. Malgré la pluie et les chaussettes trempées en différents lieux, elles avaient réussi à le préserver de l'assaut des ampoules.

Pas après pas, le Châtillonnais, berceau des guêpes pygmées, invariablement curieuses, s'échauffait sous le soleil jusqu'au pont de Pothières.

Pays châtillonnais, plus pour longtemps. Quelque part, leur propriétaire avait crié « ça-y-est, nous sommes dans l'Aube », et après les avoir promenés vers un grand pont sous lequel la Seine avait doublé de largeur, il avait lu sur un panneau « pays du Crémant » à Gommeville.

Leurs semelles caressaient la route qui longeait la Seine. Rien ne les gênait. Ni la chaleur du bitume quand le soleil y dardait ses rayons ni la pluie qui ce matin-là s'occupait fort opportunément à d'autres oeuvres.

Elles ne pensaient plus à la terre battue des sentiers des sous-bois ou des prairies. Le seul chemin possible était cette route goudronnée bordée de propriétés, petites maisons et jardinets, qui donnaient directement sur la Seine, évacuant toute autre piste pour les pieds. Elles percevaient par intermittence les reflets du fleuve toujours présent à quelques mètres de leurs lacets.

Les villages se succédaient. Mussy-sur-Seine, Plaines-Saint-Lange, Courteron... Elles étaient encore vives et férues de nouveaux lieux quand le marcheur les arrêta à la sortie d'une bourgade, Gyé-sur-Seine.

L'après-midi venait à peine de commencer. Elles l'avaient entendu dire qu'il souhaitait préserver la plante de ses pieds des farouches ampoules qui surviennent quand la randonnée dure trop longtemps. Et pour être franches, elles convenaient qu'après sept heures de cheminement, un peu de repos ne lui ferait pas de mal.

Encore une fois, la nuit lui fut glaciale.

Pressé de se réchauffer, il se précipita pour les chausser et sortir dès que l'aube éclaira la campagne. Toujours pimpantes, elles le portaient vivement sous le soleil clair du matin. Peu de nuages. De toute évidence, il ferait beau et chaud ce jour-là.

Elles ne connaissaient pas la faim, lui, si ! Elles s'arrêtèrent dans une boulangerie à Bar-sur-Seine pour lui permettre de s'acheter une viennoiserie en complément des quelques biscuits du matin dont le paquet avait expiré, ne sachant pas encore que ce serait le seul magasin d'ouvert en ce lundi de juillet et qu'il aurait mieux fait de s'y approvisionner largement.

Ce n'est que vers midi qu'elles sentirent son impatience en le voyant se précipiter vers les boulangeries et épiceries de chaque village qu'elles rencontraient. A cette démarche systématique, elles devinèrent qu'il ignorait que les boutiques des petites communes étaient fermées le lundi, ou alors il n'avait pas porté attention au calendrier, éloigné qu'il était depuis quelques jours du quotidien des humains.

Elles compatirent à sa consternation et se préparèrent à le propulser avec encore plus d'énergie vers la grande ville suivante (aux nombreux commerces) proche selon les dimensions de la carte, terriblement distante selon l'opinion des pieds qui jugèrent correctement ce que signifiaient ces 25 km qu'ils allaient devoir couvrir. Ce qui constituerait un total de plus de 40 kilomètres dans la journée.

Il n'était donc pas question qu'elles faiblissent. Ce n'était d'ailleurs pas dans leur nature. Elles le conduiraient à Troyes, peu importe la longueur du trajet. Elles chevauchèrent des routes, agrippèrent des chemins, froissèrent de multiples herbes aux tiges parfois bien dures, mais elles accomplirent scrupuleusement leur mission.

En arrivant à Troyes, elles sentirent les chairs de dessous le talon et celles de la plante des pieds particulièrement ramollies, presque meurtries dans leur claquement et dans leur frottement contre les chaussettes. Près de douze heures d'affilée, sans arrêt hormis les fugaces instants où le Fleuve-trotteur se désaltérait ou encore quand il happait quelques fraises des bois rutilantes de couleurs et de saveurs, ou lorsqu'il cueillait de jolies prunelles aux ramures qui se balançaient autour de son chemin.

Ce soir-là, alors qu'il s'étendait sur le lit douillet d'une chambre d'hôtel à Troyes (le Splendid) et délassait ses pieds endoloris, elles se séchaient de cette grande expédition sur le petit balcon extérieur. Elles s'aérèrent sous la brise toujours fraîche, et même froide, de ces heures nocturnes, heureuses d'évaporer la transpiration accumulée au cours de cette chaude randonnée miraculeusement épargnée par la pluie. Heureuses aussi de voir leur propriétaire dormir si profondément sans être importuné par les griffes glacées de la nuit.

Pendant qu'il vaquait à ses rêves, elles se remémorèrent les événements de cette journée.

Il les avait endossées très tôt comme à son habitude, vers les 6 heures du matin. Les oiseaux chantaient sur leur passage. Des papillons peu farouches voletaient autour de leur robe, si près qu'elles auraient pu les toucher. Leurs ailes diaphanes d'un jaune pâle, très clair, s'animaient de blanc. Cela changeait des guêpes miniatures qui venaient parfois jusqu'à les embrasser.

Elles volaient sur la petite route qui longeait la Seine pétillante de lumière, et dont elles pouvaient presque ressentir la profondeur suffisante désormais pour une barque, pas assez pour un vrai bateau.

A l'entrée d'un village, un panneau portant le nom de "Polisot" égayait les regards. Pourvu qu'ils ne soient pas trop polissons à Polisot !

Elles avaient à peine repris leur marche qu'elles croisèrent deux de leurs consoeurs qui soutenaient les pas d'une dame âgée. Pendant qu'elles se saluaient, les deux humains au-dessus entamaient leur propre conversation.

La dame rapporta que cette grande bâtisse dressée au bord de la Seine qu'elle désignait du doigt était en fait une ancienne centrale hydro-électrique qui fonctionnait maintenant au ralenti, juste de quoi ravitailler trois radiateurs pendant l'hiver. Elle prit soin d'inviter son interlocuteur à découvrir la truiterie un peu plus loin. Ce qu'il fit volontiers.

Les chaussures le virent, peu après, se pencher au-dessus de l'eau à la recherche de ces fameux poissons élevés dans le petit étang provoqué par le barrage. Elles tentèrent de l'aider en écoutant de tous leurs lacets le moindre frétillement de nageoire. Peine perdue. Pas une seule truite ne se montra.

A un moment, elles quittèrent la route lisse et goudronnée pour un chemin de terre plus attrayant portant le titre de GR2. Le GR2 ? N'était-ce pas ce sentier de Grande Randonnée de leur premier jour censé les mener jusqu'à Paris, et qui leur avait réservé quelques tribulations ? Visiblement, oui. A la différence que maintenant il se déployait sous un jour plus décisif.

Très agréable, cette nouvelle voie qui filait entre les arbres croulant de ramures. Elles en furent heureuses. Certes, elles n'avaient plus de vue directe sur la Seine, car le GR s'en était éloigné, mais le moelleux de la terre et le tranquille balancement du feuillage compensaient cette disparition.

Néanmoins, au bout d'un certain temps, il sembla que leur propriétaire était moins subjugué par l'enchantement du paysage.

Peu à peu, le terrain se modifiait. D'abord, quelques pierres apparurent par-ci par-là, solidement ancrées dans le sol. Pas de problèmes pour des semelles aussi fringantes que les leurs, façonnées de surcroît pour affronter les plus âpres situations.

Seulement, au bout d'un moment, elles mordirent plus de pierres que de terre pour avancer finalement sur de la pierraille pure et dure, une voie davantage conçue pour des camions forestiers que pour la marche aérienne d'un pied léger.

Les arêtes les enfonçaient. Elles s'en remettaient vite, mais ces assauts continuels finirent par franchir la barrière des semelles pour atteindre les pieds et en meurtrir les chairs.

Elles sentirent l'agacement de l'aventurier et sa volonté désormais sans faille de ne plus se préoccuper d'un quelconque GR qui s'inviterait à lui.

Après quelques kilomètres de crapahutage, elles tombèrent sur une bifurcation. Elles délaissèrent GR et grosses pierres pour un sentier au velours plus affectueux.

Quant à la Seine, il était toujours impossible de la voir au milieu de ces bois. Deux kilomètres plus loin, leur propriétaire s'arrêta devant une église en pleine forêt, événement si insolite qu'il en prit une photo et nota son nom « Notre-Dame du Chêne » pour ne pas l'oublier.

Comme tout chemin, celui-ci se terminerait forcément au bout d'un certain temps. Elles n'en attendirent pas l'issue. Dès qu'une voie de traverse se présenta, elles s'y engagèrent, et foulèrent bientôt le paisible asphalte d'un petit village. La chaussée, principalement. Elles négligèrent les trottoirs, non bitumés, dont le tapis de gros gravillons aurait accentué la meurtrissure générée par les pierrailles. Il leur fallait en priorité préserver les pieds qui n'en étaient pas encore à la moitié de leur périple.

Elles remarquèrent aussi à quel point les eaux de la Seine étaient vraiment importantes et brillaient d'une émeraude sombre, intense et d'une beauté fascinante. Plus rien de commun avec le frêle ruisseau des premiers jours.

Dans la quiétude de l'été, les chants de grillon saluaient leur passage.

En fin de matinée, cinq ou six avions (de combat) emboutirent l'atmosphère de la déflagration de leur moteur tandis que leur profil aiguisé s'éloignait à une vitesse irréelle.

La Seine retrouvée... mais peu visible.

Les chaussures volaient sur la route espiègle qui parfois longeait le fleuve et parfois s'insinuait entre des champs de blé ou de culture de plantes inconnues, à cosses remplies de graines marron foncé. Peut-être du lin.

Les villages s'enchaînèrent au bout de leurs semelles.

Elles y frôlèrent de merveilleuses places verdoyantes et ne quittèrent plus le fleuve. La route en épousait toutes les courbes, toutefois elles ne pouvaient y accéder réellement. De nombreuses propriétés les séparaient du cours de l'eau. Cela n'avait pas d'importance, car la voie était superbement tracée et les villas au dessin magnifique foisonnaient de verdure et leur offraient un tableau somptueux.

« Chappes ! » s'exclama soudain le marcheur en arrivant à un petit village inondé de soleil. Petit, par le nombre de maisons, immense par la place centrale qu'elles venaient de toucher. Elles n'avaient jamais rien vu de tel.

Leurs semelles riaient sur la vaste pelouse qu'elles arpentèrent vivement, ébahies de franchir un surprenant réseau de canaux et de bassins qui sillonnaient l'emplacement et éclaboussaient les lieux des reflets de la Seine. Car, à n'en pas douter, il s'agissait des eaux de la Seine qu'ils acheminaient à travers la place.

A Bar-sur-Seine, elles furent stupéfaites devant l'incroyable largeur du fleuve, et s'étonnèrent de la présence d'une sorte de haute mâchoire de métal qui surplombait les eaux. Elles en devinèrent la raison. Installées à l'entrée d'un canal défendu par une série de barreaux, ces griffes d'acier avaient certainement pour fonction de racler et de retirer les débris (branches cassées, etc.) qui à la longue en obtureraient l'ouverture.

Ce n'est que bien après Bar-sur-Seine que le Fleuve-trotteur s'aperçut qu'il aurait des problèmes de ravitaillement. Elles soutenaient ses pas quand il fusait dans le centre de chaque petite bourgade en quête d'un magasin ouvert... Peine perdue ! Jusqu'à ce que la chance lui fît croiser un restaurant à Saint-Parres-les-Vaudes où il put acquérir un jambon beurre, et plus loin, dans un autre lieu, une demi-baguette de pain.

Maintenant qu'il était sustenté, elles le sentirent plein d'énergie. Et quand elles l'entendirent s'exclamer « bon, eh bien, puisqu'il fait beau, allons à Troyes ! », elles retrouvèrent avec plaisir le ruban asphalté qui n'attendait que leurs semelles.

La route s'ébrouait de soleil, s'élargissait aussi. Les accueillit bientôt un trottoir d'une douceur d'ange (en comparaison des précédents au revêtement mêlé de sable et de graviers), annonçant les approches d'une grande ville.

Elles admirèrent les chutes d'eau qui jalonnaient la Seine de Saint-Julien-les-Villas jusqu'à Troyes. Puis ce furent des maisons de plus en plus nombreuses, des immeubles également. Pendant que le poète-marcheur se mettait en quête d'un hôtel, elles s'émerveillèrent devant les demeures de pierres qu'elles croisaient ainsi que les façades éblouissantes des vitrines des magasins, n'accordant que peu d'attention à ses déambulations et ses achats, jusqu'à son arrivée à l'hôtel du Splendid.

Et maintenant que cette dure journée était terminée, de ce balcon où il les avait placées, elles étaient fières de l'avoir porté si fidèlement durant cette longue marche et virent avec plaisir la nuit recouvrir la ville.

(Mardi 6 juillet)

Le lendemain, pas de lever aussi matinal que les jours précédents. C'est qu'elles étaient attendues pour converser avec une élue de la mairie de Troyes, et elles tenaient à être en forme.

Elles furent ravies quand celle-ci porta un bref regard sur leur robe désormais patinée, et espèrent lui avoir fait bonne figure.

Pendant que l'élue et leur propriétaire discutaient de la Seine, des alentours et de sujets relatifs à la marche, elles admirèrent le bel hôtel de ville au revêtement si lisse qu'elles y auraient presque sommeillé si l'appel de l'aventure ne chantait pas si fort à leurs lacets.

Après cette rencontre en tout point sympathique, elles reprirent la route, ou plutôt les chemins, car une fois dépassées les frontières de Troyes, la campagne leur ouvrit grand son horizon... et ses péripéties. Elle n'en fut point avare !

Déjà, à la sortie de Troyes, il y eut un moment de confusion quand la Seine disparut de leur vue. Elles en retrouvèrent le cours après moult traversées de rues. Avec quel plaisir, elles foulèrent alors un mignon petit chemin !

Elles eurent la semelle heureuse en s'engageant sur la berge droite, car celle d'en face fut bientôt tranchée par un large ruisseau qui les aurait obligées soit à le contourner soit à le franchir en marchant dans l'eau.

Tiens ! Deux consoeurs croisèrent leur route, deux paires de bottes portant quelqu'un se présentant comme pêcheur. Elles écoutèrent d'un lacet attentif la conversation qui se déroulait au-dessus de leur col.

Le pêcheur expliquait que cette voie, bien qu'elle véhiculât les eaux de la Seine, était en fait un canal allant de Troyes à Nogent et qu'il était par ailleurs fermé à la circulation fluviale. Il précisa que la chance était avec nous puisque le chemin de cette berge conduisait directement jusqu'à Nogent.

En quittant le pêcheur, elles se rendirent compte d'un élément qui ne les avaient pas spécialement frappées auparavant, c'était à quel point les berges étaient rectilignes. Une évidence puisqu'il s'agissait d'une voie creusée artificiellement. A mesure qu'elles avançaient, d'autres détails dénotaient son abandon. Les eaux du canal s'opacifiaient, arborant désormais un vert enlisé, encombré de longues algues. Çà et là apparaissaient des écluses rouillées, noyées sous une mousse épaisse.

La végétation se densifiait autour d'elles et sous leurs semelles. Un surprenant parcours où des bras d'eau se croisaient ici ou là à n'en pas finir.

La gourde de leur propriétaire se vida rapidement sous la chaleur qui s'accumulait. Elles l'accompagnèrent à Saint-Mesmin, une petite bourgade sur leur chemin. Pas de chance pour lui, à cette heure tout était fermé. Par bonheur, le boulanger très sympathique lui ouvrit sa porte pour qu'il puisse s'approvisionner en eau et en pain (qu'il lui offrit d'ailleurs très gentiment).

Une troisième paire de chaussures s'invita au groupe devant la boulangerie, celle-ci portait un homme qui descendit de voiture et s'associa à la conversation. Il en ressortit que la rivière qui touchait le canal s'appelait la Melda et qu'un peu plus loin, elle changerait de nom. Ce serait toujours le même cours d'eau, simplement après le village de Saint-Mesmin, on la nomme Beauregard.

En revenant vers le canal, les chaussures comprirent la raison de ce changement, la vue sur la Melda prodiguait vraiment un Beau Regard.

Elles continuèrent leur route sur cette allée paisible au tracé parfaitement droit.

En fin d'après-midi, leur propriétaire les emmena visiter un village du nom de Coulanges, le temps surtout de se ravitailler en eau et de repartir ensuite, mais pas pour la marche. Elle sentait bien qu'il se mettait en quête d'un lieu pour y passer la nuit.

Quelques déambulations supplémentaires les menèrent dans une petite parcelle mi-foin coupé, mi-protégée par une série de pommiers, à 500 m environ d'une voie de chemin de fer secondaire et peu fréquentée.

Par un curieux phénomène qu'elles ne comprenaient pas, leur propriétaire ne fut pas particulièrement affecté par le froid vif durant son sommeil nocturne.

Peut-être que le repos d'une seule nuit à l'abri des températures avait suffi à renforcer son organisme et le fortifier pour affronter les chutes du thermomètre. A moins que ce ne fût l'absence de vent ou un meilleur emmitouflage dans ses vêtements. Quoi qu'il en soit, il dormit plus paisiblement que d'ordinaire.

Elles l'entendirent se réveiller alors que la nuit pâlissait (par habitude sans doute) et s'esclaffer devant l'heure de sa montre : 4 heures du matin. Au-dehors, les oiseaux déversaient des symphonies de pépiements.

Il se rallongea.

Ce n'est qu'à 5 h 15 qu'il leva le buste et les plaça sur ses pieds. Comme l'avant-veille, pas de rosée sur l'intérieur de la toile de tente, ni sur les affaires. Aucune rosée non plus sur les herbes, pas une seule de ces gouttelettes brillantes du matin.

Pour quelque raison, le marcheur décida de ne pas suivre le canal. Elles prirent donc cette route déserte qui s'étirait à travers champs, l'un d'eux était à moitié moissonné, d'autres bruissaient de ces plantes qu'elles avaient déjà vues et dont les cosses renfermaient des graines marron foncé.

« Enfin Méry ! » s'exclama-t-il devant un panneau. A l'entrée de cette ville, elles restèrent lacets bée (leur protégé se tenant, lui, bouche bée) devant une belle demeure qui dressait au-dessus de la rue une singulière tourelle aux couleurs admirables.

Elles jetèrent aussi un lacet envieux en direction de la Seine qui ne pouvait toujours pas être accostée. En nymphe timide, elle se faufilait entre propriétés privées (qui là également descendaient jusqu'au fleuve) et bois impénétrables ponctués par moments de ces champs aux graines marron.

Après une longue marche en ces paysages, le canal les salua de nouveau. Il tendit à leurs semelles une voie dégagée et un joli chemin de sable. Elles répondirent à son invitation sans attacher trop d'attention à l'eau endormie sous les algues ni aux vieilles écluses qui s'écaillaient au souvenir des temps éteints.

A quelques mètres du sol, les ramures joignaient leurs branches en une arche végétale qui semblait ne jamais se terminer.

Au-delà du chemin, elles apercevaient du bout de leurs lacets une zone semi-boisée quasiment sauvage, et par delà les cimes, des nuages qui s'amoncelaient en signe de pluie.

A un moment dans la journée, elles accompagnèrent le Fleuve-trotteur à Saint-Just dans un petit café où il rechargea son téléphone portable après avoir admiré le magnifique bâtiment de la mairie ainsi qu'un beau manoir dont l'inscription « la Source » laissait songeur. Elles se demandèrent de quelle source il s'agissait.

De frêles ondées frôlaient parfois leur robe, comme à Chesle où d'ailleurs elles saluèrent rapidement deux de leurs consoeurs qui abritaient les pieds d'un homme juché sur une échelle. Il était en train de cueillir des cerises et en proposa une poignée à leur propriétaire pour la route.

La pluie se déversa bientôt en abondance, heureusement pas trop longtemps. En tout cas, pas suffisamment pour les pénétrer et mouiller les pieds qu'elles enserraient.

Quand les eaux finirent de chuter, le ciel resta cependant si chargé qu'elles s'attendaient à les voir reprendre leur symphonie d'un moment à l'autre. Le Fleuve-trotteur partageait apparemment cet avis, car il conserva son k-way anti-pluie même au coeur de Romilly-Sur-Seine qu'il venait de toucher.

Difficile de ne pas se souvenir du nom de cette ville puisque elles y avaient rendez-vous des consoeurs chaussures, deux qui portaient Monsieur Pajot, adjoint au maire de Romilly-sur-Seine, et deux autres, une journaliste de l'Est Eclair, Pauline M.

Un peu plus tard, elles se tenaient donc devant Monsieur Pajot, sur une belle pelouse d'un vert lumineux et piquetée de pluie, ravies d'être à nouveau le centre de l'attention du public, de l'adjoint au maire cela va de soi, mais également des deux journalistes de l'Est Eclair dont Pauline qui ne manqua pas de les prendre en photo.

Ah ! Si elles avaient pu parler, elles en auraient conté des merveilles au sujet de cette première partie du voyage, et des sensations que l'aventurier de la Seine ne pouvait pas communiquer puisqu'il ignorait tout de la vie d'une chaussure. Cela dit, il s'en sortait plutôt bien.

Elles l'entendirent demander ce qu'était le « lion de Romilly » (inscription qu'il avait relevée en arrivant). Elles n'en comprirent pas la réponse. Elles espérèrent simplement qu'il s'agissait d'un lieu-dit et non d'un de ces rois de la savane à la crinière sauvage. Elles ne tenaient pas à voir leur protégé dévoré par un fauve... comment auraient-elles pu avancer s'il ne restait de lui que deux pieds dépourvus de corps ?

A peine l'entretien avec la municipalité et les journalistes se termina-t-il que le ciel craqua. Une fureur de pluies. De telles trombes qu'en quelques minutes elles auraient été envahies et les chaussettes trempées si leur détenteur n'avait eu la présence d'esprit de s'en préserver.

Rassasié d'eau et de pieds mouillés, il se réfugia dans un café. 14 h 40, dit-il à voix haute. Mais la patience était loin d'être sa vertu principale ni la leur non plus. Elles furent soulagées quand, une vingtaine de minutes plus tard, il décida de revenir au grand air. De toute façon, la déferlante orageuse avait cessé et s'était métamorphosée en une pluie fine qui ne risquait pas de les traverser.

Une courte promenade en ville, un petit piétinement près d'un distributeur de billets et dans un magasin de presse, et les voilà repartis pour la Seine. Avant de quitter Romilly, elles s'égayèrent devant une énorme tracto-pelle garée sous un panneau « promenade hippique », enjouées par cette insolite superposition et riant de cette promenade hippique d'un nouveau genre.

Le soleil apparut subitement. Chaud puis torride. La vapeur d'eau fumait autour de leurs semelles. Jamais, de leur vie de chaussures, elles n'avaient contemplé de pareil phénomène. D'ordinaire, l'eau s'évaporait progressivement, invisible dans leur disparition. Cet après-midi-là, c'est toute la route qui fumait. Un spectacle hallucinant.

Quand plus tard les pieds du Fleuve-trotteur leur firent arpenter un joli terrain à l'herbe courte et les diriger derrière une haie de grands arbres, elles surent que l'étape du soir était venue.

Alors qu'il se reposait sur son tapis de sol, elles l'entendirent demander par son appareil à voix s'il était bien en communication avec la mairie de Montereau-Fault-Yonne et confirma son passage pour le samedi suivant, c'est-à-dire dans trois jours.

Etendues, lacets ouverts, sous le soleil encore brûlant, elles séchèrent vite de leurs mésaventures pluvieuses de cette journée. Leur propriétaire s'aéra lui aussi après s'être lavé et rincé frugalement à l'eau d'une bouteille qui lui servait de douche.

A la tombée du jour, il monta sa tente. Elles veillaient tendrement sur son sommeil sans crainte de rosée. Depuis deux jours, elle ne se manifestait plus, alors qu'auparavant l'intérieur de la toile ruisselait au petit matin.

Soudain, un rugissement fracassa le silence du crépuscule et rebondit sur les prairies désertes.

Etait-ce ce fameux lion de Rumilly qui prenait corps dans l'obscurité naissante ? N'est-il pas de notoriété publique

que les fauves sortent à la tombée du jour, à l'heure où le gibier n'est plus en mesure de déceler leur mouvement à travers les volutes des premières ombres ?

Nouveau cri affreux. Leur propriétaire se dressa et jeta une oreille inquiète aux alentours. Un taureau revendiquerait-il son territoire dans une des parcelles voisines ou... dans celle-ci ?

« On dirait le brame d'un cerf, conclut-il ».

Ouf ! Pas de félins sanguinaires ni de taureaux furieux. Toutefois si un cerf en rut patrouillait dans les bois tout proches et dans les prairies, la vue d'une tente au milieu de son domaine ne serait pas de nature à l'apaiser.

Les brames se turent et laissèrent place à une série d'explosions sèches, des pétards peut-être, qui se prolongèrent durant une bonne heure accompagnées des forts échos d'une musique joyeuse. Quel genre d'événement fêtait-on en ce 7 juillet ?

La musique finit par s'éteindre. Absence notable des cris d'oiseaux nocturnes, mais pas de ceux du vent qui rugissait, faisant claquer la toile de tente contre leurs lacets. Par précaution, le campeur avait renforcé l'assise de la tente avec les piquets prévus à cet effet, ce qui lui arrivait rarement. La nuit n'en fut pas plus sereine pour autant : après les brames, les pétards et la musique, les rafales les secouaient rudement, secondées par les pluies qui reprenaient leur danse.

Leurs semelles tanguaient chaque fois que le dormeur changeait de position, se tournant et se retournant sans cesse, probablement traversé par le froid qui était revenu et qui le houspillait dans son repos. Elles sentaient son sommeil heurté. Celui-ci ne dura d'ailleurs que quelques heures. Le soleil blanchissait à peine l'horizon qu'elles s'ajustaient déjà à ses pieds engourdis. Elles y décelèrent des boursouflures à l'orteil et au talon gauche. Des ampoules ! Des meurtrissures saturées d'eau et de chaleur lors de la marche de la veille et qui avaient gonflé au cours de la nuit. Impossible de faire autrement que de les contenir à l'intérieur de leur robe puisqu'elles avaient été lacées fortement.

Tandis qu'elles s'enfonçaient dans l'herbe couverte de pluie et de rosée, une série de brames retentit de nouveau. Bien matinal ce cerf ! A moins qu'il ne s'agisse d'un taureau vagabondant dans la parcelle voisine et soucieux de clamer puissamment les frontières de son territoire.

En cette heure où nulle boutique n'ouvrait ses portes, leur protégé ne pouvait remplir sa gourde actuellement au plus bas. Elles y pourvoiraient en le portant rapidement jusqu'à la prochaine ville, Nogent-sur-Seine.

En attendant, elles le conduisirent dans le jour naissant, vers le canal aux berges plus praticables et nettement plus amicales que celles de la Seine. Pas de chance !

Du clair petit chemin qu'elles arpentaient, il n'en resta bientôt plus rien.

Très vite, elles s'engagèrent dans une voie riche de grandes herbes qui gagnait continuellement en hauteur. Progressivement, la quiétude quitta leurs lacets. Quelques ronces les agrippaient par moments, sans effet notable sur leur carapace. Les maigres touffes d'orties du départ se transformèrent peu à peu en un fleuve ondoyant qui taquinait les oreilles du marcheur. Elles auraient voulu lui protéger les joues et le cou, hélas, elles avaient déjà fort à faire avec les pieds. Puis ce fut un océan de chardons, aux piqûres différentes, mais aussi agressives. Leurs épines se balançaient plus haut. Les chaussures en furent soulagées, leur robe n'aurait pas tenu longtemps sous leurs pointes aiguës. Leur propriétaire en revanche se démenait pour repousser celles qui s'élançaient vers ses jambes et vers sa taille.

Il lui était impossible de les éviter. Le halage tout entier défendu par une ligne de bois impénétrable empêchait de s'en éloigner.

Lassé sans doute de ces piqûres incessantes, à un moment donné il s'engouffra à travers cet épais rideau d'arbres vers ce qu'il pensait être une délivrance. Elles piétinèrent des herbes sauvages, presque aussi dures que des épines, plongèrent entre des troncs abattus, en chevauchèrent d'autres et soudain... le grand ciel bleu !!! Une belle parcelle aux tiges dorées coupées ras et délimitée de chaque côté par une haie fournie, aux branches hautes et solides. Des traces de pneus de tracteur sur le sol, et au loin, une petite ouverture dans les haies. Elles s'y dirigèrent et tombèrent ? Sur une parcelle identique en tout point, seule l'ouverture de la haie s'orientait dans une autre direction. Elles s'empressèrent de l'emprunter et surgirent dans... une troisième parcelle identique, l'ouverture de la haie pointant elle aussi dans une direction différente.

A son souffle, elles sentirent les interrogations de leur protégé. Il avait voulu contourner la longue lignée d'orties en passant de l'autre côté du bois qui le maintenait bloqué au bord de l'eau, mais se découvrait en fait dans une suite de parcelles de blé plus proche d'un labyrinthe que du champ attendu, et qui de plus avait l'air de s'éloigner en perpendiculaire par rapport à la direction qu'il visait.

Elles écrasèrent les tiges rases lors de leur repli vers la berge. Pas de chance là non plus ! Le Fleuve-trotteur n'avait pas pensé à noter la configuration des lieux après son échappée des bois. Elles s'aperçurent comme lui que les parcelles disposaient de deux ouvertures et non d'une seule. Quelles tribulations dès lors pour repérer la bonne ! Finalement, après plusieurs essais infructueux, elles reconnurent l'empreinte de leurs rainures sous les arbres abattus.

Retour aux orties. Quelques moustiques s'envolèrent sur leur passage. Pas sûr cependant que leur propriétaire apprécia leur musique. Quinze minutes de piqûres plus tard, elles débouchèrent subitement sur une petite route pour véhicule léger. Ah ! Toute cette escapade dans les champs, ces acrobaties multiples entre les arbres abattus alors que la sortie était à quelques volées de semelles ! Elles se précipitèrent pour embrasser le ruban d'asphalte de toute l'affection qu'une paire de chaussures pouvait offrir, soulagées de retrouver un chemin non encombré de tiges harceleuses, et de fouler les rues de la belle ville de Nogent-sur-Seine.

Elles admirèrent leurs reflets dans les vitrines des magasins, se jugèrent pimpantes comme au premier jour de leur voyage. Pas une salissure n'entachait leur robe, pas une déchirure ne balafrait leur physionomie. Un peu de pellicule s'était envolé du dessous de leurs talons, mais rien de visible pour le moment, ni de sensible pour une quelconque personne humaine qui n'y aurait vu aucune différence par rapport au début.

D'humeur joviale, elles sillonnèrent les charmantes artères, parcoururent, amusées, l'île Olive aux immenses saules pleureurs et reliée à la ville par une si grande passerelle qu'il semblait que la Seine à cet endroit mesurait facilement dans les trois cents semelles mises bout à bout. Le hasard les mena en face d'un gigantesque moulin (à eau) dont l'architecture ressemblait davantage à un château qu'à un bâtiment de meulage de blé.

Après un petit bonjour à l'office de tourisme, et leur conseil de visiter le château de La Motte-Tilly (à la sortie de Nogent), elles reprirent la route. Une fois la ville dépassée, le vent se manifesta de plus en plus durement. Si elles n'avaient pas été fermement lacées, les rafales les auraient peut-être emportées. Il soufflait si fort que, depuis leur emplacement aux pieds du marcheur, elles eurent du mal à entendre sa voix quand il répondit à son téléphone. Les bourrasques volaient les sons plus rapidement qu'une perdrix ne s'enfuyait dans les prairies. D'ailleurs, aucun oiseau coureur ne se montra en cette fin d'après-midi. Ils reposaient très certainement à l'abri des furies de la tempête qui s'annonçait.

Les pieds s'arrêtèrent brusquement devant un large portail.

Elles distinguèrent une bonne centaine de semelles plus loin, au bout d'une spacieuse allée sablée, l'ocre chaleureux d'un château de style Renaissance, aux atours de palais, celui de la Motte-Tilly, domaine privilégié par les cinéastes pour le tournage de films.

Elles frémissaient du désir de le rejoindre, de toucher du bout de leurs rainures le sol paisible du grand parc ouvert au public, ou bien l'élégant parquet des salons fréquentés autrefois par de prestigieux personnages, ou encore se pomponner sous les dorures qui ne manqueraient pas de se révéler sous les lustres de cristal. Mais leur propriétaire décida de quitter prestement les lieux.

Elles comprirent sa hâte à courir vers la Seine quand les premières gouttes s'écrasèrent sur leur robe. Heureusement, il avait repéré ce large pont vers lequel il les précipitait... A peine avaient-elles pris assise sur la dalle de béton au-dessous de la première arche qu'un déluge de pluie troua les nuages noirs dans un fracas de tonnerre et d'éclairs. Elles, qui ne craignaient ni les rosées ni les averses, n'auraient jamais pu stopper une telle déferlante d'eau sur les pieds qu'elles avaient pour mission de protéger. Alors, oui, elles convenaient qu'il était profondément judicieux de se maintenir debout sous ce pont, sans rien faire d'autre que de piétiner en rond pour occuper leur impatience.

Une bonne heure plus tard, quand le ciel se fut vidé de sa furie, elles le conduisirent à travers les herbes inondées de pluie vers un endroit sûr où planter sa tente.

Le lendemain, pluie fine au matin, mais pas suffisante pour mouiller les chaussettes.

Une nouvelle surprise les attendait. La Seine se démultipliait en un réseau de bras qui rendait difficile de savoir lequel était le bon. Elles avaient déjà remarqué ce phénomène entre Troyes et Coulanges. S'il n'y avait pas eu alors le canal pour orienter leur pas, leur propriétaire se serait fourvoyé plus d'une fois à suivre le mauvais cours ou se serait perdu dans ce labyrinthe.

Elles s'amusèrent un moment à louvoyer entre le canal de la Seine et les divers bras du fleuve, allant de l'un aux autres au gré de la fantaisie du Fleuve-trotteur qui jetait un bref regard aux villages qu'elles traversaient.

Un petit cri fusa de ses lèvres dans la fraîcheur matinale : « Région Île de France, lisait-il sur un panneau, plus que 36 kilomètres pour Fontainebleau !. »

Assurément, cela devait être une fameuse nouvelle. Partageant sa bonne humeur, elles bondirent plus vivement vers le grand ouest de leur destination.

Plus loin, descente vibrante d'un escalier de fer abrupt (dans un lieu que le marcheur appela « Le Port Montain ») pour étreindre à nouveau les authentiques bords de la Seine. Pas un canal ou un bras secondaire, non ! la vraie, la belle Seine si chère à leurs semelles. Sur la berge aménagée d'un fin gazon harmonieux, elles apprécièrent chaque minute de cette promenade. Leur propriétaire également qui, au bout d'un kilomètre, fut contraint à quelques interrogations, à la vue de plusieurs voies sablées, toutes au fil de la Seine.

Du bout de leurs lacets, elles lui indiquèrent la plus évidente. Ouf ! Il rejoignit leur souhait. Elles se précipitèrent alors, les rainures en avant, vers Jaulne, la prochaine agglomération.

Elles auraient bien voulu s'amuser sur le sable qui pétillait de l'autre côté du fleuve au déversement d'une extraction, mais une longue route les attendait encore avant l'étape du soir, et la journée venait juste de commencer.

Du reste, elles ne regrettèrent pas leur élan de marche. Une volée de semelles plus tard, elles contemplèrent avec ravissement deux magnifiques maisons dont la terrasse descendait jusqu'à fleur d'eau. D'autres, également en bordure de la Seine, leur succédèrent par la suite.

Qu'il était loin le chemin aux chardons bruyants d'épines !

Ici, le sol leur murmurait de tendres poussières. Des saules pleureurs gigantesques ombraient leur trajet, formant une voûte dont les branches touchaient par moments la Seine. Elles voyaient en ces ramures de formidables abris en cas de pluie et de beaux parasols les jours de soleil. Elles s'esclaffèrent devant l'imagination débordante du Fleuve-trotteur qui distinguait en ces formes mouvantes d'immenses chiens à la toison de laine, courbés sur quelques activités insondables.

Ah ! Qu'elles adoraient quand il se laissait ainsi emporter sur les nuages spiralant de l'imagination ! En ces moments privilégiés, ses exclamations à voix haute leur faisaient profiter du tableau dessiné par ses rêves.

Le corridor des saules s'effaça à proximité d'une gravière. Elles le surent, non qu'elles avaient subitement appris à déchiffrer l'écriture des humains, mais parce que leur propriétaire s'était engagé dans une conversation assidue avec deux hommes présents sur place, deux forestiers selon leurs dires. Il était interdit de continuer plus loin le long de ce chemin, à cause de cette gravière, un lieu d'extraction de sable dont les rebords pouvaient s'effondrer sous le poids d'un promeneur et l'engloutir sans que nul ne puisse le sauver.

Pas de pont pour traverser. Ils lui conseillèrent alors deux voies de substitution, l'une passait d'abord par des champs puis se glisserait à travers une peupleraie. L'autre, plus piquante, se faufilait entre ronces et taillis.

Elles devinèrent tout de suite qu'il n'était pas homme à frétiller une seconde fois sous le charme d'un torrent d'épines, et que le chant des peupliers s'accorderait davantage à l'harmonie de ses oreilles.

C'est ainsi qu'elles apprécièrent un peu plus tard un chemin calme où leurs semelles donnèrent le maximum de leur souplesse pour pousser leur détenteur en avant.

Ce dernier s'extasia devant le panneau « Bray-sur-Seine » alors qu'il n'était que 11 h 05, remarquant par cela que leur marche avait été particulièrement rapide. Eblouies par ce beau compliment, elles en pâlirent tellement de bonheur que leur blanche robe, désormais bien défraîchie, sembla étinceler d'un éclat plus vif.

Si elles n'allouèrent que peu d'intérêt à ses emplettes au supermarché local, à ses conversations téléphoniques avec des journalistes, elles s'éveillèrent de tous leurs lacets devant deux de leurs consoeurs qu'elles rencontrèrent à la sortie de Bray et qui portaient une dame nommée Christine D.. Pendant que les humains parlaient de diverses choses incompréhensibles (tel qu'un rendez-vous avec une conseillère municipale le lendemain à Montereau-Fault-Yonne), elles devisèrent silencieusement avec leurs consoeurs d'affaires fort obscures pour les humains, mais de haute importance pour des chaussures de bonne famille.

Tiens, voilà d'autres consoeurs, déjà croisées précédemment, qui s'approchent d'elles après la reprise de leur marche ! Celles qui soutenaient les forestiers de ce matin. Un petit bonjour en passant, et chacune s'en alla vaquer à ses occupations.

Elles embrassèrent la pelouse des bords de l'eau jusqu'au moment où le Fleuve-trotteur décida du lieu propice pour faire escale.

Elles observaient la Seine, très large maintenant, et d'une robe d'un vert si beau que la leur se serait peut-être teintée de cette couleur si leur propriétaire les y avait trempées. Elles ne le saurèrent jamais puisqu'il n'y songea pas, trop absorbé à laver ses pieds, à assécher et aseptiser les deux énormes ampoules qui s'y disputaient la peau.

Durant le trajet, elles avaient bien senti les petites boursouflures du matin augmenter au fil de la marche, mais que faire d'autre sinon continuer de préserver au mieux le pied gauche dans leur intérieur ? Le pied droit, lui, pavanait insolemment, libre de tout souci, sur le tapis de sol.

Samedi 10 juillet.
Journée chaude et nuit glaciale.

La nuit fut glaciale, encore plus que d'habitude d'après la fréquence des retournements du semi-dormeur. Et pourtant, il avait revêtu son sweat-shirt « polaire » !

Avant de s'endormir, il ne les avait pas disposées trop près de la toile de tente. Judicieuse précaution, car la rosée avait perlé à nouveau sur celle-ci et les aurait abondamment mouillées. Il n'eut pas besoin d'alarme. Le froid glacé accomplissait à merveille son office de réveil-matin et sonna l'heure du départ.

5 h 14 nota-t-il en se dressant.

Le jour filtrait vaguement sur l'horizon.

Un instant, elles se demandèrent si ce qu'il avalait à son lever avait autant de saveur que la menthe parfumée que leurs semelles écrasaient par endroits.

Une fois la toile de tente et le tapis de sol roulés, elles l'entendaient croquer quelques biscuits pendant qu'une pilule multi-vitamines effervescentes frémissait dans l'eau d'un gobelet.

Ce matin-là, l'herbe était couverte d'une épaisse rosée... rien de mieux pour tremper des chaussettes.

Les pieds qu'elles enserraient présentaient une allure plus belle que la veille. L'astuce de leur propriétaire consistant à passer un fil à travers les ampoules (par le biais d'une aiguille préalablement aseptisée à la flamme d'un briquet) avait été d'une redoutable efficacité. Au cours de la nuit, le fil avait drainé le liquide excédentaire qui s'accumulait régulièrement sous la peau, empêchant ainsi la perpétuation des ampoules, au point que sous leur robe, elles ne sentaient plus aucune boursouflure, juste ce fil léger à peine perceptible ainsi que la peau externe pas encore recollée au derme interne et qui, de ce fait, frottait contre cette dernière quand le pied se déplaçait.

Si la marche était douloureuse pour le brun voyageur, rien ne transparaissait sur son visage, ni dans ses mots, ni dans ses gestes. Il faisait voler ses pieds en avant pendant qu'elles les maintenaient fermement. Les lacets serrés au plus juste, elles s'évertuaient à garder la peau des talons bien en place pour éviter les frottements générateurs de futurs gonflements.

Elles étaient plutôt satisfaites de mener correctement ce travail alors que, là-haut, le corps s'échauffait à mesure qu'il prenait de la vitesse dans le froid du petit matin. Elles avançaient sur le chemin, animées par la même envie de bondir sans jamais s'arrêter.

Chaque fois qu'il levait le pied et qu'elles survolaient le sol de quelques centimètres, elles voyaient de larges canaux rectangulaires emplis d'une eau aussi verte que celle du fleuve s'ébrouer alentour.

Au début, elles avaient pensé, comme lui, qu'il s'agissait de bras de la Seine tant ils s'étiraient en longueur et qu'il était impossible d'en déterminer les extrémités. Après le déchiffrement de quelques panneaux qu'il eut la délicatesse de lire à voix haute, elles apprirent que c'étaient d'anciennes carrières d'extraction abandonnées depuis des éternités et que les pluies avaient comblées au fil des ans.

Certaines d'entre elles s'ouvraient directement dans la Seine et prenaient ainsi des allures de bras secondaires ou d'affluents. Quelques autres ressemblaient davantage à des ports naturels et bénéficiaient de l'appellation de « Darses ». Bref, un système totalement mystérieux dans une plane région que leur propriétaire nommait « la Bassée » lors de ses discussions avec des riverains.

En parlant de personnes justement, depuis leur lever, elles n'en avaient croisé aucune. A part une double péniche débordant de granulés sombres (du charbon peut-être), pas de circulation sur la Seine ni sur les berges. Pas la moindre vision non plus d'une semelle déambulant dans les alentours.

En cette heure matinale, même les chaussures dormaient à lacets fermés.

Du fleuve qui coulait sur leur droite émanaient des étincelles de bleu,

A un moment, elles crissèrent de joie sur les gravillons d'un enclos, l'entrée d'une gravière en repos ce jour-là dont la machine principale évoquait la silhouette d'une libellule coupée. Un lieu appelé La Tombe si elles se fiaient aux paroles du marcheur.

Elles savaient que ce dernier cherchait à gagner Montereau-Fault-Yonne (toute proche selon sa carte) où il avait rendez-vous en fin de matinée. Mais pour y accéder, par quels chemins les fit-il passer ! Route de ceci, route de cela, zone industrielle surprise...

Par chance, elles croisèrent plus avant dans la matinée une autre paire de chaussures.

Quelques mots rapides et le promeneur informa l'aventurier de la Seine à propos du chemin à suivre et, par la même occasion, lui souffla que ce grand cours qui se jetait dans la Seine n'était pas l'Yonne comme il le supposait, mais une large Darse qu'il lui faudrait contourner pour rejoindre le cours véritable du fleuve. Une petite boucle de 2 ou 3 km.

Décidément, en lieu et place de chaussures de marche, elles se transformaient en chaussures de contournement ce matin-là !

Heureusement, elles étaient endurcies. Aucun détour, quelle que soit son importance, ne pouvait les stopper. C'est ainsi qu'elles parvinrent en ce lieu fantastique où la Seine et l'Yonne s'enlacent tendrement avant de continuer, flots dessus flots dessous, leur voyage vers la mer.

Elles déambulèrent rive droite, rive gauche, musardèrent à la pointe même où les deux cours mélangent leurs eaux et leurs souvenirs.

Sur un terre-plein, une haute statue dominait le confluent. Malheureusement, les nuages avaient de nouveau recouvert le ciel si complètement que seul un insipide cliché photographique ne put en être capté.

Mais les minutes filaient vite et son rendez-vous s'approchait. Elles le guidèrent à travers les rues vers cet Hôtel de Ville où deux jeunes consoeurs éclairaient cette fin de matinée en soutenant leur maîtresse, Madame Janet, également adjointe à la mairie.

Les deux humains discutèrent de choses peu intéressantes pour des chaussures. Leur propriétaire en revanche était captivé par cette conversation et par les documents que Madame Janet lui transmit et qui lui seront sans doute très précieux dans sa compréhension du fleuve et de son voisinage.

A vue de semelles, une fois réunie à l'Yonne, la Seine dépassait les 100 m de large, beaucoup plus peut-être. Elles n'eurent pas l'occasion en ce jour de passer sur un pont pour en confirmer les dimensions. Car le Fleuve-trotteur, après son entretien et ses emplettes, voulut continuer sans tarder.

Pour des raisons qu'elles ignoraient, ou peut-être simplement par curiosité, il s'engagea perpendiculairement à la Seine et se mit à suivre un autre cours d'eau qui débouchait dans le fleuve. Peut-être était-il impressionné par sa largeur ou bien pensait-il que c'était un affluent inconnu de la Seine. Quoi qu'il en soit, un kilomètre plus loin, impossible de progresser davantage. La voie finissait en impasse. Ce n'était qu'un canal menant à une gare d'eau.

Une agréable promenade dans la ville, certes, mais aucune avancée en direction de la mer.

Retour en arrière, donc, et reprise du chemin initial.

Le soleil jouait à cache-cache entre deux nuages, faisant parfois pétiller les herbes qu'elles arpentaient depuis leur sortie de Montereau-Fault-Yonne.

Elles haussèrent un lacet curieux à la vue d'une fourgonnette d'allure abandonnée.

Les herbes fouettaient sur leur robe de plus en plus fortement à mesure que le vent (tombé durant la nuit) se mettait à souffler de nouveau en rafales agressives.

La couche de nuages s'épaissit graduellement. Une lourde tenture opaque. Mais il ne pleuvrait pas, elles en étaient certaines. Ils se déverseraient ailleurs, peut-être là où elles se trouvaient deux jours avant. Ici, elles progressaient sur un sol sec qui n'avait pas connu les trombes d'eau des jours précédents.

Varennes, crièrent soudain les premières maisons d'un petit village qu'elles sentaient endormi en cette mi-journée.

Elles en visitèrent les rues, patientèrent dans un supermarché local pour l'achat coutumier de plusieurs bouteilles d'eau, et retrouvèrent ensuite les bords souriants de la Seine qu'elles parcoururent vivement.

Quelque part dans l'après-midi, elles tombèrent sur une charmante parcelle de terrain qui semblait les attendre... alors... pourquoi ne pas y faire escale ? Personne, ni à droite ni à gauche. Pas l'ombre d'une chaussure ni même d'une paire de tongs. Rien de mieux pour se détendre et se sécher nonchalamment dans les herbes où elles avaient été posées.

Elles virent le marcheur s'emparer de son carnet pour y noter ses souvenirs, puis lire les documents de l'adjointe municipale de Montereau-Fault-Yonne, et enfin se glisser un petit moment dans une sieste champêtre.

Longtemps après, quand le soleil déclina, qu'une trouée apparut dans les nuages et que la rive droite flamboya soudain dans une parure d'ambre jaune irisé d'un éclat d'or, il bondit sur la berge, appareil photo à la main, pour en garder l'image à jamais.

Un cygne au col élégant, suivi de trois cygneaux, s'approcha lentement de la rive, il les photographia eux aussi avec ravissement.

Pendant ce temps, bien alignées sur l'herbe, elles se gonflaient de la brise du soir. Puis vint le crépuscule, et avec lui le temps des rêves. Et tandis que leur randonneur favori s'envolait vers un pays qu'elles ne pouvaient atteindre, elles veillèrent sur son sommeil et sur la tente.

(Dimanche 11 juillet 2004)

Le repos nocturne fut bref.

Elles entendirent leur propriétaire se dresser, vif comme une jeune chaussure, alors qu'il faisait encore nuit. Pas à cause du froid cependant, car la température était douce pour un être humain. Peut-être juste par habitude.

Un croissant de lune flottait dans une voûte dégagée de tout nuage. Dans la nuit claire, les premiers pas de leur marche furent plutôt hésitants. Il aurait été malvenu de heurter une pierre ou une racine tapie dans l'obscurité et d'envoyer leur protégé en vol plané sur sol peut-être encombré.

Leur robe n'était plus aussi étanche qu'au sortir du magasin. A l'entrée de Moret-sur-Loing, elles furent désolées de sentir les chaussettes trempées de rosée. Elles oublièrent vite ce désagrément en franchissant les murailles de la vieille ville.

Quelle extraordinaire sensation de s'aventurer sur ces pavés d'autrefois défendus de chaque côté de la rue par des façades médiévales. Un instant, elles eurent presque l'impression d'entendre l'écho de sabots de ces âges révolus et le frôlement toujours persistant de consoeurs chaussures aux pedigrees inconnus.

La pénombre avait disparu. Une lumière fortement tamisée éclairait leur passage.

Le rêveur de la Seine prit le temps de photographier un antique moulin, selon ses dires, et deux chutes d'eau surprenantes, une sur le Loing, l'autre sur l'Ouvance. Elles le promenèrent à travers l'ancienne cité, admirant du bout de leurs semelles le remarquable plan d'eau que formait le confluent de ces deux rivières.

A la sortie de Moret-sur-Loing, elles s'arrêtèrent un moment pour lui permettre de revêtir son k-way par précaution. Il agit sagement. Alors que la veille, elles avaient parfaitement humé le manque d'enthousiasme des nuages à se séparer de leurs eaux, là au contraire, elles les voyaient se gonfler de la volonté prochaine d'inonder le territoire d'un immense brasier de pluie.

Sans se soucier plus avant des affaires célestes, elles sourirent plus loin aux belles maisons de Veneux-les-Sablons pareilles à des perles sur la toile gris-sombre du ciel.

La bruine prit ensuite possession des lieux.

En ce matin de pluie fine, elles quittèrent les berges du fleuve pour s'enfoncer dans l'intérieur des terres. Drôle de chemin qu'empruntait là Patrick Huet ! Ce n'était pas la bonne direction. Qu'avait-il donc en tête pour les faire s'engager dans de grandes artères aux superbes habitations, puis les entraîner dans une allée bitumée aussi large qu'une route nationale et entourée de hauts arbres dont la particularité les frappait, tant ils étaient dégagés de broussailles et de difficultés ? Un type de forêt très différent de celui des alentours des sources de la Seine où elles avaient dû enjamber racines et troncs cassés, ou encore se frayer une voie parmi les buissons de chardons aux fleurs violettes.

Après quelques kilomètres d'interrogations, leurs semelles s'éblouirent. Un édifice d'une vastitude sans nom s'éleva devant elles un peu après leur sortie de la forêt aux futaies si soigneusement entretenues. Elles comprirent alors pourquoi il avait quitté son trajet initial et s'était éloigné du fleuve : il voulait voir ce château.

Elles l'entendirent prononcer « Fontainebleau » et chercher dans sa pochette son appareil photo. Pas de chance pour lui, sous la pluie qui prenait de la vigueur rien de bien saisissant ne pouvait s'enregistrer sur ses clichés. Il s'avança néanmoins à l'intérieur de l'enceinte du château inaccessible aux caprices du temps.

Elles patientèrent un moment sous un abri de fortune, observant le crépitement des milliers de gouttes à la surface d'un immense bassin tout en longueur. Un son et lumière que nulle caméra ne recueillit ce jour-là, mais dont le chant reste encore inscrit dans leur robe.

L'averse continuait si bellement qu'elles sentirent les pieds vibrer d'impétuosité et se tourner vers la sortie. C'est que l'immobilité n'était pas la vertu première du poète de la Seine. Elles savaient qu'il n'était pas du genre à attendre une heure ou deux (ou plus) que les conditions d'une bonne photo soient réunies. Comme elles, il rêvait de grandes aventures et de découvertes fascinantes. Et puisque les nuages avaient décidé de ne plus retenir l'abondance de leurs larmes, autant revenir vers le fleuve.

Sous les rafales, l'averse se métamorphosait en des franges de pluie semblables à un peigne géant dont les aiguilles étaient forgées par ces milliers de gouttes qui descendaient du ciel jusqu'au sol.

Les chaussures écoutaient la symphonie des sons éclaboussant leur robe, joyeuses de garder les pieds au sec et de voir à quel point elles pouvaient être utiles. De constater cela les rendait plus fringantes.

L'averse s'atténua quand elles touchèrent le fleuve, mais la voûte restait chargée, menaçant de reprendre son chant à tout instant. Alors, puisque la matinée fut si longue, pourquoi ne pas se reposer ?

Pour la première fois de leur vie de chaussure, elles se coulèrent dans l'enceinte d'un camping, ici à Samoreau, à deux doigts de la Seine pour y passer la suite de la journée.

La pluie cessa définitivement ses mélodies aqueuses au cours de l'après-midi.

L'emplacement payé, la tente montée, le Fleuve-trotteur s'assit sur son tapis de sol, les retira de ses pieds et les allongea en plein air, ouvrant largement leur intérieur aux grandes rafales qui les séchaient des humidités de la journée. Car malgré les basses températures pour une mi-juillet, les pieds n'en finissaient pas de transpirer sous l'effort continuel de leur progression, effort accentué par le poids du sac.

« Comment peut-il faire aussi froid en été ? » avait grommelé le marcheur qui, par un étrange contraste, laissait ses pieds nus à disposition du vent glacé.

De l'autre côté, vers la berge opposée, des bateaux de plaisance tanguaient dans une halte fluviale. Le blanc des voiliers faisait ressortir encore plus vivement les reflets de pure émeraude des flots de la Seine. Une beauté que le campeur devait considérablement apprécier à la façon dont il les contemplait. Il prisa beaucoup moins la chute nocturne du thermomètre quelques heures plus tard.

Leur robe, insensible à ces variations, étincelèrent en pleine nuit de la flamme du briquet qu'il alluma soudainement. Il ne fumait pas. Il s'en servait pour éclairer sa montre dans l'obscurité.

« 1 h 18 » broncha-t-il, en pensant certainement aux quatre autres heures qu'il lui faudrait passer, immobile, dans ce froid insensé.

Lundi 12 juillet

Au cours de la nuit, elles l'entendirent régulièrement se frotter les mains ou les pieds, ou bien se retourner pour réchauffer momentanément la partie de son corps restée en hauteur à l'adresse du froid pendant que celle plaquée contre le tapis de sol préservait sa chaleur. Manifestement, son sweat-shirt polaire ne suffisait pas.

Aucun désir de grasse matinée ne le retint en sa tente quatre heures plus tard. Au contraire, il s'était levé rapidement et les avait fixées sur ses pieds.

Dans la nuit encore fraîche, elles discernaient à peine leur chemin. A croire que la couverture de nuages intensifiait la pénombre environnante.

A mesure que le ciel s'éclaircissait, le Fleuve-trotteur énumérait les communes qu'elles traversaient. Samoreau où elles admirèrent de jolies maisons, Vulaine, Héricy... Ah, Héricy ! Leurs semelles pétillèrent de joie en foulant l'irrésistible 'Quai de Seine' élégamment aménagé qui, malheureusement pour elles, finit plus loin en impasse et les obligea à rebrousser chemin, puis à emprunter la route départementale afin de pouvoir rejoindre le fleuve par la suite.

Les routes, qu'elles soient de terre, de pelouse ou de bitume, ont toutes leur charme propre dans la vie d'une chaussure. C'était pour leur propriétaire qu'elles étaient déçues. Il aurait certainement préféré continuer sur le beau Quai de Seine plutôt que de s'engager sur la Départementale.

Elles se réjouirent cependant un peu plus tard quand la voie côtoya de nouveau la Seine, pas de très près, certes, car séparée par une longue suite d'habitations privées. Mais la hauteur de ces dernières était suffisamment modeste pour que les eaux puissent être admirées au fil de leur marche.

Après Chartrettes, elles ne regrettèrent plus que la voie sur berge (appelée Quai de la Vallée) se déroulât ainsi à l'écart du fleuve tant les demeures à la silhouette féerique qui défilaient devant leurs semelles s'apparentaient davantage à des manoirs qu'à de simples maisons.

Elles remarquaient parfois sur la berge opposée des petits ports de plaisance déserts de bateaux, partis probablement naviguer sur la mer en cette période de vacances.

Après Chartrettes, la voie continuait à suivre la Seine. Un ravissement pour leurs lacets qui s'enivraient des reflets d'une émeraude toujours aussi intense sous le ciel opaque.

A un moment, la route longea directement la Seine, sans rien pour l'en séparer hormis une petite bande de végétation alors que les eaux calmes accueillaient toute la tranquillité du jour !

Melun enfin !

Elles délassèrent leurs semelles en se promenant à travers les rues de cette grande ville, allant d'un lieu à un autre pour effleurer, ici les anciennes fortifications, là-bas une fontaine monumentale dont la vasque soutenait les sculptures de quatre belles demoiselles.

Une île aux berges magnifiquement entretenues leur offrit un agréable cheminement sous le bruissement de hauts arbres effilés et le clair d'une vaste façade renfermant dit-on une prison..

Après Melun, un joli parcours leur tendit ses passages. Elles étaient avides de retrouver le souffle de la brise dans les feuillages tandis qu'un vent progressif chassait les nuages. Pas l'ombre d'un humain sur ces voies désertes s'enfonçant dans une zone herbeuse d'où jaillissaient parfois quelques maigres buissons.

Tiens, une voiture en ruine dans cette zone à demi-sauvage ! Le premier déchet qu'elles croisaient depuis leur départ de la source. Jusqu'alors, aucune saleté, ni sur les berges ni dans le fleuve. Ce qui ne signifiait pas que l'eau était bonne à boire. Peut-être était-elle potable, peut-être pas. Substances chimiques, résidus de pesticides et autres produits similaires ne véhiculaient pas de particules visibles, mais pouvaient très bien être présents sans que nul ne s'en rende compte.

Si nos deux fougueuses chaussures n'étaient guère sensibles à l'outrage de ces substances et ne s'en souciaient pas, il en allait autrement des humains. Elles se félicitèrent donc que les pieds ne songèrent pas à s'y baigner.

Au coeur de cette zone sauvage, elles entendirent soudain le téléphone sonner. Des échos de la conversation, elles retinrent qu'il leur fallait s'apprêter à sourire de leurs plus belles semelles. Peu après, un journaliste les rejoignit, s'approcha d'elles et les regarda avec tant d'attention qu'elles faillirent changer de couleur et rougir leur robe d'ordinaire très pâle. Et puis, être prises en photo à Dammarie-les-Lys (dont le château fit la notoriété de l'émission Star Academy) avec en toile de fond une suite de voiliers blancs, c'était un tableau qui se perpétuerait dans les arcanes du temps.

Elles auraient bien posé un peu plus longtemps et montré au journaliste à quel point elles frémissaient de bonheur autant sur le bitume que sur les chemins de terre, mais celui-ci avait en tête des questions précises. Alors, elles laissèrent leur propriétaire prendre le relais des discussions.

Après la rencontre, elles continuèrent la route sur ce côté gauche de la Seine, heureuses de marcher sous le grand vent qui les berçait.

Ce qui les enchanta encore plus ce fut la lignée des somptueux manoirs qui s'étiraient le long de la berge à hauteur de Bois-le-Roi.

Quelque part dans un lieu qu'elles ne purent définir, le Fleuve-trotteur s'arrêta et s'apprêta au bivouac du soir. Une fois la toilette rapide terminée et s'être assuré qu'elles étaient sèches, il se glissa dans la tente.

Placées tranquillement près de ses pieds, elles l'entendirent plonger dans un sommeil profond.

(Mardi 13 juillet)

Réveil inopiné au milieu de la nuit !

Pour on ne sait quelle raison (ou plutôt à cause du froid qui pesait), leur propriétaire avait allumé brièvement son briquet de secours afin de consulter sa montre : 1 h 18 !

Il ne se leva pas tout de suite et attendit une heure plus décente pour un humain. Pour elles cependant, une marche de nuit ne les aurait pas chagrinées. Elles y auraient éprouvé autant de plaisir qu'une marche de jour.

Peu de chants d'oiseaux se répercutaient dans la tente, et encore étaient-ils très assourdis. Où étaient donc passés ces musiciens nocturnes qui abondaient avant Melun ? Grand mystère.

Pas de grasse matinée pour le menu-dormeur qui se dressa hors de son gîte avant le lever du jour. Il n'y tenait certainement plus dans ce froid continuel. Elles enrobèrent avec joie ses pieds, essayant de les réchauffer au sein de leur robe.

Si le début de cette journée se déclina plaisamment, la suite s'avéra plus ardue. Leurs semelles s'engagèrent sur une voie défoncée de creux en abondance. Rien de très grave pour elles. Pour le marcheur c'était une autre affaire. Même si aucune grimace n'affectait son visage, elles sentaient les orteils se meurtrir, surtout lorsque de la pierraille s'invita sur de longs parcours. Entre deux volées de rocailles, un joli sentier à la terre parfumée réussissait parfois à tenir sur 100 ou 200 m.

A part cette caillasse qui éraflait leurs semelles et mordait les pieds, le paysage arborait un calme très apaisant.

Pas de vent sur leur robe ce matin-là. Une trouée naquit soudain à travers l'écran de nuages, dévoilant un soleil de rubis. Comme leur propriétaire s'imprégnait de ces couleurs, elles se remémoraient ses paroles, la veille, lors de la préparation de son trajet du lendemain. Il avait cité les lieux par lesquels il passerait. Elles en avaient retenu quelques noms, ceux de Saint-Fargeau-Ponthierry, Le Coudray-Montceaux...

Quoi qu'il en soit, avant d'arpenter les rues de Saint-Fargeau, il quitta les bords de Seine pour les diriger vers le centre de Boissise-le-Roi. Etait-il déjà fatigué par ce court trajet d'à peine deux heures ? Allait-il s'arrêter ?... Ouf ! Ce n'était que pour s'approvisionner – en eau essentiellement – et acheter le journal... Oh ! On y parlait de leur expédition. Quel beau cadeau pour des chaussures de faire ainsi les honneurs de la presse !

A partir de Ponthierry, ce fut le grand désarroi. Leur propriétaire voulait absolument voir Le Coudray-Montceaux où il avait vécu quelques mois lorsqu'il était enfant, disait-il. Elles devinèrent son excitation quand il lut le panneau Saint-Fargeau-Village qui se situait juste à côté du Coudray. Il les y précipita droit devant.

Mais l'affaire s'avéra plus compliquée que prévu.

Elles abordèrent rapidement un labyrinthe de rues d'aspect identique. Le Hameau de Villers, s'exclama l'ex-petit enfant de Coudray interloqué devant un deuxième panneau. Mais où diable était située cette localité par rapport à Saint-Fargeau et au Coudray-Montceaux ?

Elles s'enfoncèrent dans une belle rue qui s'acheva en impasse deux ou trois kilomètres plus loin... Retour en arrière. Départ dans une nouvelle direction... arrivée à d'autres hameaux. Quel embrouillamini ! Pour finir, elles se trouvèrent plantées devant une flèche indiquant « Corbeil-Essonnes ».

Après plus d'une heure à tourner en rond, revenir en arrière, repartir, se fourvoyer ici ou là, elles comprenaient que l'enthousiasme de leur protégé pour revoir quelques vagues lieux de son enfance s'était fortement émoussé, et que, finalement, il n'y avait passé que quelques mois dans ce village !!! Le détour ne valait pas la peine de perdre encore une heure ou deux, à une période où les rues désertes de cette mi-juillet ne permettaient pas de se renseigner. D'autant qu'à naviguer au jugé dans ce dédale de rues, il ne savait plus où il était réellement ni quelle direction emprunter pour rejoindre le fleuve.

Elles applaudirent à tout lacet quand il décida de reprendre un cours de marche plus normal et de suivre la flèche devant lui qui pointait vers cette ville bien visible sur sa carte : Corbeil-Essonnes. Elle n'était pas prévue dans son parcours, mais au moins, il ne pouvait pas la rater, et à partir de là, il aurait un point fixe et identifiable pour aller vers la Seine.

Elles se rangèrent à son avis, car elles aussi avaient perdu tout sens de l'orientation et ignoraient dans quelle direction coulait la Seine. Les sentiers de halage manquaient terriblement à leurs semelles.

Elles ne savaient pas encore que d'autres aléas viendraient pimenter la journée et retarderaient leurs retrouvailles avec les eaux émeraude.

Une volée de kilomètres plus loin, leur propriétaire fut décontenancé devant un panneau de ville indiquant « Essonne ». « Comment ça, Essonne ? » s'écria-t-il en saisissant sa carte à la recherche de cette commune inattendue, « c'est pourtant Corbeil-Essonnes qui est gravée sur les plaques des rues ».

Il grommela quelque chose au sujet de Corbeil et son Essonne, puis choisit une direction parmi toutes les voies qui se proposaient. Elles le suivirent dans sa nouvelle déambulation.

Le trottoir brûlait sous leurs semelles. Les nuages s'étaient complètement dissipés, et dans le grand jour lumineux, le soleil rugissait de flammes. Elles en oublièrent le temps, concentrées qu'elles étaient sur le ruban d'asphalte qui ne demandait qu'à s'étendre pour elles. La journée éclatante de cette période de midi ne songeait qu'à briller.

La Fortune les emmena quelques kilomètres plus loin sourire de nouveau à la Seine. Alors qu'elles marchaient allègrement le long de son fil, un panneau annonça Evry.

Une des communes importantes de leur parcours, elles s'en souvenaient. Néanmoins, elles ne s'attendaient pas à ce que cette ville moderne leur réservât autant d'imprévus que les plus aventureux chemins forestiers.

Pourtant tout avait bien commencé quand elles avaient quitté les bords de Seine pour se rendre dans le centre. La voie s'annonçait prometteuse, une belle artère au croustillant déroulé et aux trottoirs si lisses qu'elles ne pouvaient résister au plaisir d'y faire glisser leurs semelles. Mais qui conduisait en quel lieu ?

Elles avaient deviné que leur propriétaire souhaitait visiter la commune et que, par ailleurs, étant à court d'eau il voudrait forcément s'y réapprovisionner. Par un heureux hasard, une flèche à l'entrée lui avait susurré qu'un centre commercial offrait ses services en plein coeur de la ville.

Pour le rejoindre, elles avaient d'abord traversé ce qui s'appelait "Evry le Bourg", sans doute la cité de jadis quand Evry n'était encore qu'une petite bourgade en bordure de Seine. La large route qu'elles suivirent ensuite leur fit hausser les lacets de surprise.

La ville nouvelle dévoilait des blocs d'habitations séparés par de grands espaces de verdure.

De ce fait, chaque bloc était géographiquement isolé les uns des autres. Une architecture qui ne manqua pas de les étonner, en bonnes chaussures habituées à voir des façades d'immeubles ou de maisons pourvues de jardins alignées des deux côtés de la chaussée, en ville comme à la campagne.

Mais là, c'était une ville de blocs !

Ils n'étaient pas déplaisants à regarder Et les appartements à l'intérieur de ceux-ci devaient certainement être spacieux et agréables à vivre. Ce qui surprenait c'était cette nouvelle forme de sculpture de l'habitat jamais croisé auparavant.

En revanche, les boutiques n'y foisonnaient pas. Le long de cette très large avenue ponctuée de ces hameaux en forme de blocs, pas le moindre magasin où acheter de l'eau. Quant au centre commercial, leurs semelles eurent du mal à le trouver. Il était enchâssé dans un enchevêtrement de rues et d'allées superposées sur plusieurs niveaux.

Heureusement qu'elles étaient insensibles à la durée de cet intermède. Elles avançaient sereinement dans cet entrelacs digne d'un labyrinthe minéral.

Les courses effectuées, retour à la Seine. Et ce fut à nouveau des hésitations et des va-et-vient multiples avant de déterminer la bonne voie pour sortir de la plateforme labyrinthique. C'est alors que le téléphone sonna.

A la conversation qui suivit, il s'avéra que des amis du Fleuve-trotteur vivant à proximité se proposaient de le rejoindre et l'invitèrent à dîner et à dormir chez eux. Une aubaine ! Elles n'auraient pas à se préoccuper de la rosée de la nuit si rapide à se déposer sur la toile de tente.

Elles passèrent l'après-midi en compagnie des deux autres paires de chaussures portant chacune leur détenteur réciproque, à visiter les lieux, à fouler entre autres les dalles de la cathédrale nouvelle d'Evry, enfin nouvelle au temps de sa construction, et qui l'est de moins en moins à mesure que les années s'envolent.

Pendant que les trois humains dégustaient leur repas, elles échangèrent quelques belles discussions avec leurs consoeurs sédentaires. A la tombée du soir, des pantoufles prirent en main la protection des pieds dont elles avaient la charge. Plus confortables et plus chaudes c'est sûr, mais qu'elles sentaient peu désireuses de s'engager sur les terrains vallonnés de la grande aventure. Toutes les chaussures n'étaient pas douées du talent d'affronter les cahots des longs périples.

Les pantoufles étaient bien sympathiques. Plus tard, quand les ténèbres étendirent son voile, elles bavardèrent un moment avec elles, alors que leur propriétaire s'évaporait dans le monde des rêves. Il avait glissé dans un profond sommeil qu'elles jugèrent réparateur au regard de l'absence des retournements qui agitaient ses nuits depuis leur départ. Toutefois, les habitudes étaient déjà si fermement ancrées en lui qu'il se réveilla vers les cinq heures. 5 h 20 lut-il à voix haute.

Après un petit-déjeuner qui charma de parfums le bout de leurs lacets, leurs hôtes les ramenèrent depuis Créteil (où elles logeaient) jusqu'à l'endroit précis où elles s'étaient arrêtées la veille, à savoir à Evry village.

Elles retrouvèrent la douceur de l'herbe, admirèrent les reflets de l'eau sur le pont cassé dont il ne restait qu'un pilier près de la rive opposée, dirent adieu à leurs consoeurs tandis que leurs hôtes d'une nuit leur souhaitaient bon voyage.

Ragaillardies par cette festivité improvisée, elles glissaient plus vite que d'habitude sur cette belle pelouse du parc des bords de Seine. La ville d'Evry, surprenante par son labyrinthe central, se montrait sous un jour plus champêtre en ces lieux. Sur la ouate du gazon, même la peau des orteils ne faisait plus entendre ses protestations émises selon le langage propre à la famille des dermes, en l'occurrence sous forme de petites bulles que les humains appellent des « ampoules ».

Durant l'heure qui suivit, leurs semelles volèrent sur l'herbe, sur la terre et parfois sur des routes à voitures totalement désertes.

Au loin sur la rive gauche, Ris-Orangis, commença à s'éclore sous le frêle lever de soleil qui drapait d'une aura rose-doré les vapeurs de la Seine. La cime de quelques arbres cachait la ville dont les toits s'élevaient au-delà de cette ligne éclairée par les lumières de l'aurore.

Le chemin de halage continuait à leur sourire sur ce côté droit jusqu'aux frontières d'une écluse que le marcheur énonça comme celle de Draveil. Il s'arrêta devant un grand panneau et pointa du doigt telle ou telle rue sur le plan très détaillé qui y était imprimé. Elles le sentirent interrogatif. Quel parcours emprunter se demandait-il en notant qu'aucune voie de Seine ne s'y dessinait ? Encore un contournement à envisager ?

Dépité, il scruta les environs. Pendant qu'il sondait du regard les possibles voies sur berge, elles ne cessèrent pas d'avancer et parvinrent bientôt à une passerelle (le Pont de l'Ecluse) d'un accès si étroit entre deux jardins qu'il en était presque invisible à moins d'une recherche acharnée pour le repérer.

Les rares moments où le Fleuve-trotteur faisait halte pour se désaltérer à sa gourde, elles en profitaient pour examiner les alentours d'un lacet plus vif. Elles s'émerveillaient à la vision de l'immense voile de brume qui nappait le cours de la Seine sur une épaisseur d'une vingtaine de centimètres. Suspendu au-dessus de l'eau, il réfléchissait les lueurs naissantes du soleil.

Après une marche qui les mena dans une impasse et leur fit rebrousser semelles pour effectuer une boucle de contournement, elles retrouvèrent la Seine à Vigneux, au Petit Noisy. Puis la voie se dégagea pour elles, une jolie route de campagne qui les invitait à déambuler le long de la Seine, soit en quai soit en chemin, mais toujours éclatante de couleurs.

Rebondissement à Villeneuve-le-Roi. Le chemin de halage coquettement bitumé se courba légèrement, si peu qu'elles n'y prêtèrent pas attention au début, toutes heureuses qu'elles étaient de s'ébrouer sous le beau soleil de ce matin-là. Lorsqu'elles se rendirent compte que les grands flots émeraude de la Seine s'étaient mués en une rivière de trottoirs, de maisons et de commerces, elles en demeurèrent figées de stupeur.

Par quelle magie, le monde végétal s'était-il métamorphosé en monde minéral ? Elles rebroussèrent talon (sur cinq cents mètres quand même) et en découvrirent la cause.

L'espiègle chemin de halage prolongeait son ruban (de bitume) dans une autre rue en s'incurvant progressivement tandis que la voie des bords de Seine continuait sous une appellation différente (le "Chemin latéral") et sous la forme d'un menu sentier tellement encombré de hautes herbes qu'il en était invisible à la fois pour leurs semelles et pour les yeux de quiconque. Il fallait vraiment chercher pour le repérer. Les parfums enivrants qui s'en exhalaient cependant effacèrent le contretemps qui s'en était découlé.

Elles frôlèrent Villeneuve-le-Roi. La ville était sans doute très attrayante, mais comme pour la plupart des communes rencontrées, elles ne pouvaient s'y attarder, leur objectif étant d'avancer au maximum en direction de la mer. Néanmoins, leurs semelles goûtaient chaque fois la saveur inimitable de leurs avenues.

Orly leur déroula la « Voie des Cosmonautes » (ce qu'il y a de plus proche en matière d'aéronautique). On aurait pu baptiser ce chemin la « Voie des aviateurs » au regard du prestigieux aéroport qui étendait sur son territoire ses pistes d'atterrissage hélas beaucoup trop éloignées de la Seine pour une visite de courtoisie.

Quelques kilomètres plus loin, Choisy-le-Roi fit le choix d'une large voie sur berge pour les conduire jusqu'au centre de sa ville.

Peu de consoeurs sur ce trottoir, un vide quasi total contrastant avec une chaussée débordant de pneus, de voitures, et de moteurs vrombissants de passion sous un soleil éclatant.

Elles promenèrent le Fleuve-trotteur à travers les rues et furent frappées par l'importance de la ville, par le fer forgé d'une entrée de métro ou de RER, et par une avalanche de détails dessinant le tableau d'un monde nouveau. A chaque pas, une prenante sensation de déjà-vu pénétrait dans leurs lacets. Ici, à Choisy-le-Roi, la présence de la capitale se faisait tellement ressentir qu'elles-mêmes en recevaient la vibration jusque dans leurs semelles. On aurait dit qu'elles connaissaient cet endroit alors qu'elles n'y étaient jamais venues.

Aujourd'hui, pas de bivouac sous la tente, avaient-elles deviné. Une ville ne s'y prêtait pas, encore moins une cité de cette dimension.

L'après-midi, elles se dorèrent donc les lacets à la bordure d'une fenêtre, derrière la vitre d'une chambre au rez-de-chaussée d'un hôtel qui aboutissait à l'arrière sur une petite cour. A travers les carreaux, elles entendirent leur propriétaire discuter au téléphone avec un Monsieur Minos, conseiller municipal du sixième arrondissement de Paris. Elles tendirent leurs lacets plus avant, intéressées soudain par cette capitale évoquée si fréquemment bien avant leur départ. Ils avaient rendez-vous le lendemain, 15 juillet, en bord de Seine comme il convient pour un aventurier des fleuves, au Pont-Neuf précisément.

Elles y seraient, foi de chaussures !

Et pendant que leur protégé parlait notamment du beau château de la Gange (au parc admirable) tant recherché pour les tournages de films, elles se laissèrent envahir par les sons variés provenant des alentours et par l'image de ces multitudes de façades qui leur donnaient l'impression d'une vie comprimée telle un ressort, et dont l'intensité ne demandait qu'une impulsion pour jaillir dans une incomparable flamboyance.

A la tombée du jour, elles regagnèrent la sécurité des murs. Pas la proximité des pieds cette fois-ci, inutile précaution en ces lieux fermés, mais posées plus loin vers la porte.

Sommeil pour la ville, pas pour elles qui ne s'assoupissaient jamais et qui veillaient sur le repos de leur randonneur évanoui au pays des rêves.

La force de l'habitude le réveilla avant l'aube. 4 h 54, nota-t-il à l'allumage de la lampe de chevet. Les effluves de la paresse le firent lézarder encore une vingtaine de minutes entre les draps avant de s'éjecter hors du lit et de les endosser pour une nouvelle journée de plein air.

La coulée vers la capitale fut d'une limpidité exceptionnelle. Pas un seul obstacle ne vint heurter le bout de leurs semelles, pas une bosse ne souleva leur courbure. L'asphalte du trottoir qui longeait la Seine était d'une telle perfection qu'elles glissèrent comme sur de la glace. La contrepartie sonore ne les gêna pas. Ce n'est pas de sitôt qu'un son affecterait une chaussure ! Apparemment, il en était de même pour le marcheur dont les oreilles ne se saturaient pas encore des ronflements de moteurs.

Quoi qu'il en soit, il ne s'en plaignait pas, trouvant normal que l'immensité des habitants de la capitale et des cités environnantes puisse se déplacer sans accrocs, facilité que leur offrait cette voie sur berge.

De Vitry-sur-Seine, elles ne connurent donc que ce trottoir des bords de Seine. Si proches de Paris, elles ne pouvaient plus s'en détourner d'un seul centimètre. Elles foulèrent Ivry-sur-Seine sans même s'être aperçues du changement de ville tant les abords étaient identiques.

A leur droite, la Seine se gonfla bientôt des flots d'une rivière qui la rejoignait de biais, formant à leur intersection une pointe quasi parfaite. Elles soupçonnèrent que la main de l'homme (et ses travaux d'aménagement) y était pour quelque chose. Le plus étonnant n'était pas l'angle si aigu de cette convergence, mais les constructions qui la surplombaient : des toits en terrasses qui montaient en cascade, teintés de vert et dont l'architecture insolite affûtait la curiosité.

Elles apprirent plus tard qu'ici, à Alfortville, au confluent de la Seine et de la Marne, se dressait un complexe chinois, Chinagora, érigé sous forme de multiples pagodes selon le style de leur pays.

A 7 h 30 très précise, elles passèrent au-dessous d'une artère encore plus importante, le boulevard périphérique qui ceinturait la capitale. Une sorte d'autoroute spécifique à Paris. Puisqu'elles n'auraient pu y engager même un bout de lacet, elles ne s'en soucièrent plus et s'absorbèrent dans l'exploration des lieux.

Elles ne surent qu'elles étaient dans Paris que lorsqu'un panneau le signala. Pour le reste, tout était de la même apparence, voies, voitures, trottoirs.

Oh ! Un port !

Un port dans Paris ? Leur propriétaire le confirma peu après lorsqu'il releva une énorme inscription qui disait « Port autonome de Paris ».

Allait-il se précipiter pour visiter les bateaux, voltiger par-dessus leur passerelle d'embarquement, galoper sur les ponts ? Non. Il lut un second panneau autrement plus accrocheur à ses yeux « promenade découverte de fleuve ».

Voilà qui promettait du sensationnel.

En bonnes chaussures, elles étaient partantes sur-le-champ. Elles auraient voulu courir, bondir, jaillir au milieu des parterres, des arbustes et mille lieux d'aventure. Mais il fallait bien admettre que le Fleuve-trotteur, après avoir marché depuis l'aube ce matin, n'était pas aussi séduit qu'un citadin par les escaliers menant à cette promenade en hauteur qu'il fallait grimper, puis redescendre un peu plus loin, et grimper à nouveau. De fait, à la troisième série d'escaliers, il abandonna.

Comme toutes les chaussures de sport, elles prisaient autant les circuits escarpés que les flâneries au plat du terrain. Mais, puisqu'il était repu d'escalade, elles continuèrent d'avancer sur le trottoir du sol, éblouies par les milliers de reflets en provenance de la Seine ainsi que des façades de verre ou de fenêtres qui renvoyaient l'opale du ciel. La couverture des nuages était complète.

La voie automobile surplombait la Seine de trois ou quatre mètres, tandis la berge courait au ras de l'eau. Des marches y conduisaient. Elles les descendirent rapidement et un autre monde s'y dévoila.

De longs parcs ourlaient cette rive gauche lui prodiguant un refrain nouveau. Ces larges patios de verdure au nom synonyme de mélodie (le parc Tino Rossi, par exemple) ouvraient leur espace à des collègues chaussures qui musardaient nonchalamment.

Elles remontèrent vite au niveau de la circulation. Repérer d'abord le lieu du rendez-vous avant de se détendre. Elles s'émerveillaient du chant de la ville, cet ensemble de bruits variés où se mêlaient les voix des passants, le vrombissement des véhicules, le crissement des semelles, le tintement de clés et le claquement de portes qui se referment. Une cascade de sons tous différents les uns des autres qui s'unissaient cependant en une oeuvre unique.

10 h 30. Pendant que leur propriétaire discutait allègrement avec Monsieur Minos, conseiller municipal, qui par le plus intéressant des hasards habitait le sixième arrondissement comme lui (mais de Paris pour l'un, de Lyon pour l'autre), elles échangèrent avec les chaussures de ce dernier quelques pensées pétillantes à propos du glacis des trottoirs et de l'incroyable confort de leur asphalte.

Après cet amical entretien, elles s'en allèrent visiter la capitale de la France.

Les grandes libellules qui filaient sur la Seine les sidérèrent. Pourquoi donc portaient-elles tant de monde sur leur dos ? Quelqu'un s'écria : « Tiens ! Des bateaux-mouches. » Des bateaux-mouches ? Allons donc ! Il devait se tromper d'appellation. C'étaient des bateaux-libellules à n'en pas douter.

De pas en pas, elles distinguèrent une île dominée par une immense flèche. « Notre-Dame de Paris » qu'il fallait, selon des discussions antérieures, absolument admirer de près !

D'accord, mais comment ? Elles ne voyaient plus de ponts. Ce n'est qu'au moment où elles foulèrent les berges de l'île en question qu'elles comprirent qu'elles venaient justement d'en traverser un. Il était si étendu, et les trottoirs qu'elles avaient embrassés si larges et si comblés de monde qu'il fut impossible à leurs semelles d'en prendre conscience immédiatement. La circulation des humains y était si intense qu'elles avaient pensé être en train de progresser sur une esplanade. Et pourtant, c'était bien un pont.

L'après-midi, elles baguenaudèrent. Elles rutilèrent de joie face à la Tour Eiffel, se mirèrent dans les vitrines du Fouquet's et des commerces des Champs-Elysées. Des avenues gigantesques leur déployèrent la profondeur de leur chaussée, le boulevard Haussmann, la rue de Rivoli et d'autres dont elles ne retinrent pas le nom. Elles frôlèrent tant de merveilles que celles-ci se reflétèrent longtemps sur leur robe.

Le soir, alors qu'elles se remémoraient ces prodigieuses constructions, leur propriétaire, invité chez amis, reçut un appel du journal le Parisien pour une rencontre le lendemain.

Ainsi se retrouvèrent-elles, le jour suivant, au bord de la Seine à deviser avec leurs consoeurs, de bonnes chaussures de journalistes qui avaient l'habitude des reportages tout terrain, parfois dans des conditions aussi rocambolesques que celles qu'elles avaient vécues. Un échange éminemment sympathique pendant que leurs utilisateurs réciproques discutaient de divers sujets étrangers à leur vie de couvre-pieds.

Quand après les paroles sonna le moment de la photographie, elles montrèrent leur plus beau sourire à l'attention de l'objectif et des lecteurs qui ne manqueraient pas de les féliciter de la joliesse de leur robe.

L'aventurier ne retourna pas immédiatement à la Seine. Il s'attarda dans la capitale.

Il était affairé entre les rendez-vous qu'il devait honorer, les rencontres avec des connaissances, le développement de ses photos, et différents impératifs qui ne les concernaient pas beaucoup. Le temps s'épancha vite pour lui, lentement pour elles qui commençaient sérieusement à s'ennuyer.

Les visites, malgré leur intérêt, ne leur suffisaient plus.

Quatre jours de repos et de promenade, c'était plus qu'il n'en fallait pour une paire de chaussures qui savait qu'elle n'en était qu'aux deux tiers de son parcours et qui débordait du désir de courir à nouveau à travers les broussailles et sur les sentiers de terre ou sur les chemins pierreux.

Elles n'en pouvaient plus de se tenir tranquilles.

Enfin, un après-midi de mi-bruine et mi-soleil, elles l'entendirent décréter : demain, nous repartirons pour la dernière ligne droite. Elles lui auraient sauté au cou si elles avaient été douées de mouvement autonome. Puisque tel n'était pas le cas, elles se contentèrent de l'applaudirent silencieusement.

Le lendemain, bien avant que le jour ne se lève en ce mardi 20 juillet, elles étaient déjà prêtes, leur propriétaire aussi. Il avait programmé sa montre pour sonner à 5 h 30. Il était tellement sous tension qu'il ne mit que quelques secondes pour se précipiter hors du lit, jeter un habit sur ses épaules, et pour les ajuster à ses pieds.

A son égal, elles bondissaient de joie et d'excitation.

Un petit crochet au bureau de poste (encore fermé) où il déposa un courrier, une enveloppe à bulles contenant le tirage papier de ses photos adressées par précaution à des amis lyonnais chargés de les conserver jusqu'à son retour, puis en avant vers les flots de la Seine.

Les voilà au Pont Alexandre III. Elles y étaient déjà venues lors d'une précédente promenade. Comment auraient-elles pu oublier les immenses sculptures au sommet de hauts piliers ? Leur robe d'or pur (une vraie pellicule d'or) flamboyait de lumière face au ciel totalement bleu.

Rapide traversée du pont pour se rendre sur la rive droite. La veille, elles avaient entendu l'énumération de termes comme le 8ème arrondissement, puis le 16ème, et après Paris, le Bois de Boulogne. Elles ne se souvenaient plus de la suite des communes prévues pour ce jour et ne s'en soucièrent pas dans l'immédiat.

Par leur récente expérience, elles savaient ce côté-ci de la Seine particulièrement fréquenté de voitures et de véhicules de toutes sortes. Etonnamment, elles n'en voyaient que de très rares en ce petit matin.

Peut-être était-ce dû à cette fameuse période estivale allant de mi-juillet à mi-août qui, aux dires des différents interlocuteurs, vidait la capitale de ses habitants.

Quoi qu'il en soit, bien à plat sur ce trottoir qui longeait la Seine, elles ne craignaient aucune mésaventure automobile.

Pont de l'Alma, annonça soudain leur propriétaire comme s'il s'agissait d'une évidence. La flamme de la Liberté, ajouta-t-il devant une langue de feu dorée qui rehaussait de sa lumière l'éclat du jour. Avare de paroles, il ne fournit pas d'autres explications aux lacets qui, au-delà de leur fonction de maintien de pied, s'intéressaient aux rutilantes coutumes des Parisiens.

Quelques volées de semelles plus loin, un pont insolite dressa son tablier au-dessus de la Seine. Rien de particulier avec celui-ci. Son architecture ne dénotait en rien de celles de ses congénères, les centaines déjà croisés ou franchis depuis leurs premiers pas à la source. Sa couleur, en revanche, les déconcerta. Il était entièrement peint d'un vert que jamais leur robe n'avait admiré jusqu'à présent. Un vert teinté de brun, d'une allure si chaude qu'il envahissait l'espace et rendait l'émeraude de la Seine encore plus parfaite.

Comme elles s'en doutèrent, le Fleuve-trotteur ne manqua pas de s'exclamer. Il se montra même particulièrement disert à ce propos.

« Le pont Mirabeau ! Sous le pont Mirabeau coule la Seine... poème d'Apollinaire. »

Enchantées par cette vision, elles avancèrent d'une semelle légère sur la grande voie sur berge qui paraissait ne s'étirer que pour elles. Ainsi franchirent-elles les limites de Paris sans vraiment y déceler une quelconque différence.

Elles longèrent ensuite le Bois de Boulogne, ne sachant rien des histoires qu'on y racontait, naviguèrent sur le flot de l'asphalte à portée de vue d'une série d'îles effilées dont leur propriétaire s'amusait à énumérer le nom : île de Puteaux et île de la Jatte, dominées de loin par les falaises de verre des hauts immeubles du quartier de La Défense qui réverbéraient à l'infini tout l'azur de l'été.

Elles se seraient volontiers laissé tenter par une promenade au milieu de ces étranges filles de l'eau, mais après tant de jours à ronger leurs lacets, plus rien ne pouvait freiner leur avance, pas même cette nuée de péniches continuellement amarrées au quai, ni ce sous-marin de poche dont la superstructure émergeait du fleuve. Qu'irait faire une paire de chaussures dans un sous-marin, de poche qui plus est ? Alors que le grand ciel lui déployait un horizon sans limites.

Des noms chantèrent sur leur parcours : Neuilly-sur-Seine, Levallois-Perret, Clichy, Saint-Ouen. Des villes dont les beaux trottoirs leur criaient de loin : « Venez, jolies chaussures ! Nos rues sont douces aux semelles de voyageuses aussi intrépides que vous. Nous n'attendons que le baiser de vos pas pour nous enchanter le restant de notre vie. »

En temps ordinaires, elles se seraient élancées sur les larges avenues, mais elles étaient en périple, trop sevrées de marche au cours de ces quatre derniers jours et ne pouvaient souffrir de retarder leur progression.

D'autant qu'il était convenu avec leur propriétaire, depuis le début de leur aventure, qu'il ne serait pas possible de s'arrêter dans toutes les communes, seulement pour s'approvisionner ou y faire escale pour la nuit, autrement leur voyage aurait duré une année entière.

Ce dernier ne sentait pas encore que leurs semelles s'amenuiser. Sans doute pensait-il qu'elles étaient robustement épaisses au jugé des cinq centimètres de talon apparent, mais ce n'était qu'une impression. Cet "énorme" talon n'était en fait que quatre centimètres et demi d'alvéoles sous lesquels on avait collé une couche d'un demi-centimètre de plastique résistant. Cette pellicule effritée, c'est le talon de chair qui supporterait les vibrations de chaque pas sur le sol.

Mais cela, ce sera pour plus tard... si la marche s'effectuait toujours avec autant d'assiduité. Pour le moment, les semelles s'évertuaient à étouffer les chocs montant du trottoir, car de sentier, il ne s'en présenta guère à la sortie de Paris. Ceci ne diminuait en rien la beauté du fleuve ni les éclairs qui fulguraient de ses eaux.

En début d'après-midi, elles firent étape à Saint-Denis, la ville des rois de France où les souverains reposaient autrefois, embaumés, dans leur dernière demeure à la basilique Saint-Denis (la nécropole fut hélas ! dévastée en grande partie par les révolutionnaires acharnés à faire disparaître toute trace de la royauté ainsi que les visages de rois encore vifs dans leur préservation).

Dans la Seine s'étirait une longue île courbée (l'île Saint-Denis) dont elles ne virent pas l'extrémité tant elles étaient pressées de se rendre dans la ville.

Des maisons anciennes les saluèrent lors de leur transit, puis de grands édifices modernes bruissants de vie et de chaleur dans un centre qui semblaient les inviter à délasser leurs semelles. Petit arrêt pour l'approvisionnement en eau et en d'autres choses.

Quelques pas ici et là, et... tiens, elles passèrent devant un modeste hôtel, puis un second un peu plus loin. Elles sentirent le Fleuve-trotteur hésiter. Il venait d'effectuer près de sept heures de périple. Comme il n'était pas question pour lui de dormir à la belle étoile danse la région parisienne, et que deux hôtels lui avaient présenté leur enseigne, valait-il la peine de continuer à marcher une heure ou deux et prendre le risque de ne pas trouver d'établissements de libre au moment où il serait fatigué ? Ou était-il plus judicieux de faire étape ici ?

Avant même qu'il ne sonne à une porte, elles avaient deviné sa décision. Un long cheminement les attendait encore, inutile d'épuiser ses jambes par un effort trop intense en milieu de parcours.

Vingt minutes plus tard, elles se séchèrent sur le balcon d'un hôtel où il les installa pendant quelque temps avant de les rentrer, dégagées des vapeurs du jour. Elles le remercièrent pour ce choix, car aux alentours de Paris, rester au-dehors n'était pas une initiative des plus sûre pour des chaussures d'aussi belle allure. Elles n'auraient pas voulu couvrir d'autres pieds que ceux qu'elles enserraient depuis leur sortie du magasin à Lyon.

Sommeil sans agitation pour le marcheur, le froid n'avait plus d'office en ces lieux clos. Mais réveil aussi matinal que d'habitude. A 5 h 06, il scrutait déjà sa montre et à 5 h 40 le voilà qui les guidait vers le fleuve.

Tout à leur admiration des réverbérations des lumières, elles avaient oublié l'existence de la longue île courbée en face de Saint-Denis. Elles la redécouvrirent en gravissant un pont qui la traversait pour s'ancrer sur l'autre rive de la Seine.

Pour des raisons qu'elles ignoraient, leur propriétaire avait décidé de continuer sur la rive gauche, ou alors n'était-ce pas plutôt parce qu'il voulait voir de plus près ce parc magistral qu'il pointait de son doigt, le Parc Départemental des Chanteraines, et qui s'étirait justement sur la rive droite sous l'administration de Villeneuve-la-Garenne ?

Les noms de communes voltigeaient à un rythme si rapide qu'elles commençaient à en avoir le tournis. Bon, puisqu'elles disposaient d'un brin de tranquillité sur ce pont où le Fleuve-trotteur les avait menées, elles s'en saisirent pour visualiser correctement les lieux : Rive droite de la Seine s'étendait la ville de Saint-Denis, rive gauche, Villeneuve-la-Garenne. Entre les deux, en plein milieu du fleuve : l'Île-Saint-Denis.

Voilà, tout était parfaitement clair à leurs lacets désormais. Et puisque l'aurore venait à point nommé éclaircir le paysage, pourquoi ne pas jeter une semelle curieuse à ce parc que l'on dit réputé ?

Si l'avancée fut des plus distrayante, malheureusement la vision du fleuve s'envola bientôt. Impossible aussi de flâner un moment dans l'immense Port de Gennevilliers dont les grilles d'entrée n'avaient pas l'air pressées de s'ouvrir ni pour elles (pourtant des chaussures de belle prestance) ni pour le marcheur. Aucun accès donc à la Seine. Les abords en auraient peut-être été différents sur la rive opposée, en passant par Epinay-sur-Seine, mais effectuer plusieurs kilomètres en arrière sans être certain de disposer d'une artère adéquate ne subjuguait personne.

Alors, les voici reparties pour un de ces contournements dont leurs semelles avaient le secret. Elles ne voyaient plus rien hormis cette route où elles avançaient cahin-caha tandis que le soleil commençait à chauffer les pieds qu'elles calfeutraient.

Elles entendirent bien plus loin un cri de soulagement, Colombes !

Elles ignoraient si les lieux abondaient de colombes, en revanche, des ailes invisibles s'étaient manifestement greffées à leurs semelles. En effet, elles bondissaient sur la route plus vite que jamais telles des flèches dans l'azur infini. La Seine, enfin ! La Seine et son émeraude toujours très profonde.

La pointe d'une nouvelle île s'y détacha bientôt. Une île incroyablement longue, presque aussi effilée que les lacets qui tressautaient à chaque pas. L'île de Chatou.

Du bout de leurs semelles, elles en admirèrent les abords attrayants. Elles profitèrent d'un pont pour la survoler et... oh ! Leur propriétaire les fit passer sur la rive droite. Encore un changement de côté ? Décidément, il s'animait de bien étranges fantaisies ces temps-ci ! Basculant de gauche à droite et inversement.

Au milieu du pont, elles comprirent son raisonnement. Un deuxième port large de plus d'un kilomètre s'appropriait de nouveau la surface de la berge. Le Port autonome de Paris, répondant également au titre de Port de Nanterre.

Elles se rangèrent à son avis préférant les sentiers de halage sûrs de la rive droite à la route, probablement très fréquentée, qui permettrait de contourner le port.

Alors, tant pis pour la visite de Nanterre que leurs semelles attendaient avec impatience, et bonjour à Carrières-sur-Seine (non prévue à leur programme) qu'elles ne firent que survoler d'ailleurs. Il était trop tôt pour une promenade touristique surtout que tout ou presque était fermé.

A la sortie de la ville, le halage leur proposa un chemin si délicieux que leur parcours était une caresse pour les rainures d'une chaussure.

Carrières-sur-Seine, pays des impressionnistes ! s'écria leur propriétaire. Il répéta la même exclamation quelques 6 km plus loin, à l'entrée de Croissy-sur-Seine, « Croissy, pays des impressionnistes ». Alors était-ce Carrières ou Croissy, ce fameux pays ?

De petits éclats de rire silencieux coururent le long de leurs lacets : qu'elles étaient bêtes ! Un pays, ce n'est pas qu'une commune, mais une large étendue comportant plusieurs localités. Il était donc naturel que le pays des impressionnistes aille de Carrières-sur-Seine à Croissy-sur-Seine (incluant par ailleurs la ville de Chatou à mi-chemin entre les deux). Si quelqu'un en doutait, tous les cents ou deux cents semelles, des reproductions de peintures plantées sur des poteaux saluaient le promeneur.

Elles n'y connaissaient rien en tableaux, mais leur reconnaissaient une allure romantique qui s'harmonisait avec le cadre verdoyant.

Soudain, une mélodie électronique monta de l'appareil à voix que les humains dénommaient téléphone. Qui donc pouvait appeler en ce matin de vacances sous l'ombrage des arbres ?

Des reporters de France 3 télévision, édition Île-de-France, annonça son interlocuteur qui se présenta : Laurent Beaufils. Ils avaient découvert l'article de leurs confrères dans le journal le Parisien, et souhaitaient rencontrer l'aventurier dont on parlait. Quand donc ? Eh bien ce matin même ! Et où ? Selon les indications qu'il leur donna de sa situation, ils proposèrent comme point de rendez-vous la ville du Pecq quelques kilomètres plus loin en bord de Seine.

En raccrochant, leur propriétaire se saisit de sa carte « Le Pecq, Le Pecq... Ce nom ne me dit rien, je m'en souviendrais si je l'avais sur mon trajet. Alors, voyons... Eh ! Oh, je comprends ! Le nom de Saint-Germain-en-Laye figure en si gros caractères que je n'ai pas fait attention à celui du Pecq écrit en plus petits (et juste à côté de lui) ».

Et les voici promptement reparties. Elles glissaient vivement sur le chemin de halage, soucieuses de ne pas le faire arriver en retard à son rendez-vous. Un adieu rapide à la dernière peinture impressionniste, avant de pénétrer sur la commune du Vésinet et accéder à un grand pont qui pointait vers Le Pecq.

Elles jetèrent un lacet curieux sur les immenses statues qui surplombaient ce pont et semblaient veiller sur la quiétude de la rive gauche, celle du Pecq. Deux belles dames au regard serein. Deux représentations de Séquana peut-être ? Non. L'une symbolisait la Seine, l'autre, l'Oise.

Après quelques instants de pas perdus où le randonneur vogua sans but précis, s'arrêtant ici pour siroter une boisson ou là pour déguster un sandwich, elles revinrent près du pont. Elles n'eurent pas le temps d'y poser une semelle qu'une voiture s'approcha d'elles. Deux paires de chaussures à l'allure volontaire en descendirent soutenant dans leur écrin deux hommes chargés de matériel d'enregistrement, les deux reporters de France 3 Île-de-France venus spécialement du coeur de la capitale pour les filmer en plein effort.

Comment ne pas répondre à l'oeil de la caméra quand celle-ci s'invite avec tant de courtoisie ? Elles jubilèrent quand les appareils se fixèrent sur elles pour suivre leurs mouvements élastiques lorsqu'elles bondirent peu après sur ces petits sentiers de la rive gauche qui bordaient les courbes de la Seine en direction de Maisons-Laffitte.

Il y eut un moment de grâce quand leur propriétaire sortit son carnet de voyage pour y noter quelques vers impromptus qu'il lut à la caméra :

Paris est une bulle de cristal dans le soir
Un rêve d'Eiffel, une flamme d'espoir
Qui répand sa lumière sur le fil de nos pas
La saveur des couleurs que la Seine déploie.

Dans la brume légère qui s'étend sur la ville
On décèle les reflets d'un triomphe tranquille
S'égrenant de Bastille jusqu'aux Champs-Elysées
Le chant d'une marche au-delà des cités.

Il y eut aussi un moment de gêne épique quand elles durent s'en aller vers la mairie, aider le Fleuve-trotteur à offrir, toujours sous l'oeil de la caméra, son poème de la Seine aux jeunes femmes tenant la réception. Pas celui qu'il venait de composer, mais un autre préparé avant son départ, imprimé sur papier marbré, qu'il remettait en cadeau aux différentes personnes qu'il croisait durant son périple.

Le reportage terminé et les journalistes repartis, elles gardaient tant de vivacité de cette rencontre, qu'elles ne demandaient qu'à rugir encore plus vivement sur les chemins herbeux. Le fleuve coulait sans bruit à leur droite, de grands champs à gauche. Elles s'interrogèrent sur ce qu'on pouvait y cultiver, mais leur connaissance en ce domaine était si ténue que leur intérêt s'atténua bien vite.

Les conversations récentes avaient évoqué une immense forêt proche d'ici, celle de Saint-Germain-en-Laye. Trop éloignée de la Seine, elles n'en virent pas une seule branche.

A la place, un sujet plus attractif pétilla bientôt.

Le poète-marcheur avait dépassé Le-Mesnil-le-Roi et venait de pénétrer dans la ville de Maisons-Laffitte. Bien que l'après-midi touchait à sa fin, elles se précipitèrent avec lui vers le point de fascination de la commune, l'hippodrome.

Elles haussèrent leurs semelles pour mieux contempler le champ de courses et peut-être y apercevoir des chevaux à l'entraînement. Elles flânèrent aux abords de celui-ci, s'amusant à le suivre pour profiter encore un peu plus de sa proximité. Il s'étendait sur un terrain oblong, et long, très long. Combien ? Un kilomètre ? Deux kilomètres ? Impossible à définir, car après une journée de randonnée presque sans arrêt, chaque demi-kilomètre se percevait comme le double ou le triple de sa longueur réelle.

Quoi qu'il en soit, il arriva un moment où elles sentirent le marcheur rassasié de son admiration pour l'hippodrome et désireux de faire escale pour la nuit. Pour des raisons mystérieuses (peut-être par volonté du moindre effort), il ne retourna pas sur ses pas. Effectuer à nouveau ces deux mêmes kilomètres pour revenir à son point de départ ne l'enchantait pas. Elles s'accordèrent à son souhait de contourner l'hippodrome vers l'avant pour rejoindre la Seine par l'autre face du champ de courses. Elles se réjouissaient déjà d'avoir une occasion supplémentaire d'apercevoir enfin des chevaux. Etaient-ils aussi élégants qu'on le raconte ? Aussi rapide que le vent ? Et leur robe arborait-elle ce lustre si éclatant qu'on dit être l'apanage des jeunes chaussures ?

Des questions qui restèrent définitivement sans réponse. Car, de chevaux, elles n'en virent pas le moindre poil de crinière.

A la place, une difficulté facétieuse attendait leurs semelles. On ne pouvait pas contourner tout de suite l'hippodrome, car celui-ci continuait par un terrain d'entraînement ceinturé de grillages. Soit. Ce n'était pas très grave. Elles rejoindraient la Seine juste après. Mais le terrain d'entraînement se prolongea par une parcelle « privée » et clôturée. Pas de souci, elles feraient ces quelques centaines de mètres et dénicheraient, sur la droite, un chemin vers la Seine...

Elles ne retrouvèrent jamais le fleuve !

La petite route, qu'elles attaquaient désormais avec moins d'énergie, s'engagea dans une vaste zone, avec à droite de grands espaces grillagés et à gauche ce qui ressemblait à des champs. De cent mètres en cent mètres, elles s'accrochaient à l'idée de repérer quelque part une voie qui filerait en direction du fleuve. Quand le soleil déclina franchement à l'horizon et que les 19 heures furent allègrement franchies, elles comprirent que jamais elles ne parviendraient à la Seine avant la nuit.

Leur propriétaire chercha un lieu pour y passer les heures nocturnes. Par chance, le grillage sur la droite disparut laissant place à un parc aux amples dimensions, vallonné de buttes et sillonné de sentiers arborés. C'est là, abrité par les ramures d'une étroite allée qu'il monta sa tente et qu'elles purent s'assécher de la transpiration de la journée. C'est qu'il n'avait pas cessé de marcher et leur robe interne, trempée par les ardeurs de cette longue journée, aspirait à se dissiper de toute cette eau.

Le lendemain, juste avant que le soleil ne se lève, les voici, de nouveau fraîches et parfumées des saveurs boisées de la végétation ambiante, fermement fixées sur les pieds de leur propriétaire. Elles approuvèrent sa décision de continuer sur cette route de campagne absolument déserte, mais qui finirait bien par aboutir à la Seine. De hauts peupliers enveloppés de brumes rosies par l'aurore séparaient la chaussée de la même suite de grands champs que la veille. Dans quelle étrange contrée, si proche de la capitale pourtant, évoluaient-elles ? Tant de vastitude, de terrains si plats que leurs semelles n'en percevaient pas l'extrémité, et toujours pas le moindre frisson d'une onde sur la droite, là où la Seine aurait dû se couler.

Un large panneau, enfin, rompit la monotonie du paysage : Assainissement des eaux de Paris.

Ah !

Soupir du Fleuve-trotteur mêlé de stupeur et de soulagement. Elles en devinèrent aussitôt la signification. Cette étendue sauvage et déserte de vie humaine qu'elles traversaient depuis la veille était le gigantesque territoire qui recueillait et traitait les eaux usées (les égouts en quelque sorte) de la ville de Paris.

Au moins, elles n'étaient pas perdues.

Elles ne s'attendaient pas cependant à ce que de nouvelles surprises viennent faire obstacle à leur retour vers la Seine. Une heure de marche plus loin, un immense pont proposa son impressionnant tablier. Il enjambait le fleuve sans aucun moyen visible d'en descendre. Bon, la Seine était juste dessous. Il leur suffisait de franchir le pont et, une fois de l'autre côté, prendre un chemin latéral. Et hop ! Re-bonjour au fleuve. Mais le pont, barré sur chaque bord de hautes protections, ne permettait aucune vision sur l'extérieur et semblait ne plus jamais se terminer.

Quand elles purent enfin en voir le bout, leur beau projet se heurta brutalement à la lisière d'un énorme noeud routier à la circulation si dense et si rapide qu'y avancer un seul lacet c'était le broyage instantané. Elles sentirent leur poète éberlué par ce torrent de véhicules et cette incroyable envolée de routes qui fusaient entre lui et le fleuve. Par chance, une jeune dame aux souliers lumineux marchait un peu plus loin. Il se hâta vers elle, s'enquit d'un chemin éventuel vers la Seine.

La Seine ? Sursauta, la charmante interlocutrice, mais ici c'est l'Oise !

Mais comment donc avait-il pu s'y prendre pour se retrouver au bord de l'Oise alors qu'il longeait la Seine ?

Les chaussures ne le comprenaient pas. Leur propriétaire non plus. En revanche, il eut la bonne intelligence de suivre les conseils de la demoiselle : acheter un ticket à la station de RER à une cinquante de mètres de là, revenir en arrière en direction de Paris, et sortir à la première ville qu'il savait être riveraine de la Seine.

Selon le plan du métro, cette ville c'était Conflans-Saint-Honorine. Ouf ! Ce n'était pas si loin que Saint-Denis. Non pas qu'effectuer une seconde fois, le même parcours (rive droite cette fois-ci) les aurait gênées, mais un humain n'en aurait pas conçu une immense joie.

Donc, retour en arrière par le métro et course accélérée en direction du fleuve dans une énergie renouvelée. C'est qu'en dépit de toutes ces heures de marche, la longueur du trajet n'avait pas diminué.

La Seine leur réserva des abords enchantés. Des chemins, parfois de sable parfois de terre battue, habillés de verdure ou d'une fine pelouse. Très certainement d'anciens halages transformés en promenades pour l'agrément des habitants.

Les chaussures volaient sur le sentier dans une légèreté estivale, en notant que si, la veille, elles étaient revenues vers les bords de la Seine plutôt que de vouloir contourner l'hippodrome, elles auraient bénéficié d'un des cheminements les plus admirables qu'elles avaient empruntés jusqu'à présent. Mais le principal, c'était qu'elles pouvaient l'apprécier désormais.

A un moment, elles aperçurent deux de leurs collègues aux pieds de deux jeunes filles en tenue de jogging et qui, en guise de course, progressaient en flânant, accaparées qu'elles étaient par la vivacité de leur conversation. Nos deux chaussures, rien qu'en marchant, eurent vite fait de dépasser leurs collègues joggeuses... pas pour longtemps cependant. Les deux jeunes filles ayant certainement remarqué l'affiche attachée sur le sac à dos « Patrick Huet – – Descente de la Seine à pied », cette inscription dut les galvaniser, car moins de vingt secondes plus tard, les babillages se turent et les voilà qui reprirent leur course à une allure plus convenable pour des sportives.

Elles dirent adieu à leurs collègues et les regardèrent s'éloigner sur la piste sablonneuse.

Elles rutilaient de plaisir en cette belle journée de soleil où les chemins dévoilaient leur sol le plus amical, les invitant à ne pas les quitter et à profiter des berges ombragées.

Elles ne portèrent qu'un lacet distrait aux communes qu'énumérait leur détenteur chaque fois qu'elles abordaient une nouvelle cité, Andrésy, Chanteloup-les-Vignes, Triel-sur-Seine. Elles retinrent cependant le nom de Carrières-sous-Poissy pour les vastes étangs qui s'échelonnaient au fil de leur route. Des miroirs de bleus réfléchissant l'azur du ciel avec une intensité invraisemblable. Elles y auraient bien trempé une semelle curieuse, mais le marcheur, nettement plus prudent, s'y était refusé.

Ce grand champ d'étangs sculptait le paysage de mille saphirs et certains d'entre eux soutenaient de petites maisons flottantes.

Une question surgit. Ces étangs ne seraient-ils pas d'anciennes carrières de pierres dont l'excavation se serait remplie des eaux de pluie ?

Assurément, c'était cela ! Des carrières qui donnèrent leur nom à la ville, une commune qui désormais, pourrait prétendre au titre de « Etangs-sur-Seine » au regard de la transformation du territoire. Mais ce serait abandonner ce formidable passé qui fit son prestige.

Une visite à Vaulx-sur-Seine leur fit découvrir une demeure si vaste et si bellement travaillée qu'elle mériterait l'appellation de château. Ce qui en ferait deux pour la ville, puisqu'un véritable château d'autrefois y dresse encore ses murs.

Elles s'arrêtèrent à Hardricourt juste en face de Les Mureaux sur la rive opposée.

La soirée s'annonçait pluvieuse. Elles le sentaient en voyant le rideau gris sombre qui s'amoncelait contre la toile du ciel.

Assises là sur un carré d'herbe, non loin du chemin de halage, elles prenaient le frais quand leur propriétaire décida rapidement de monter son bivouac et de les rentrer à l'intérieur. Peu après, la pluie se déversa en trombe. Pendant une dizaine de minutes, les gouttes fouettèrent la tente largement secouée de rafales. Le soleil reparut bientôt et réchauffa l'atmosphère, l'incitant à folâtrer un petit moment à l'extérieur.

La nuit ne tarda pas à tomber. A l'instar de la précédente, pas de chants d'oiseaux nocturnes. Durant la journée non plus, d'ailleurs. Il était rare d'en entendre. A part le soupir du vent dans les branches de saules et le crissement de leurs semelles sur le sol, la campagne était silencieuse.

Elles remarquèrent avec intérêt que leur protégé dormait dans un simple tee-shirt. Il devait apprécier cette douceur qui lui avait tant fait défaut depuis son départ. Il n'émergea de son sommeil que par la force de l'habitude, juste avant le lever du jour.

Avant de repartir, elles l'entendirent scander les prochaines communes en examinant sa carte : Porcheville, Limay, Mantes-la-Jolie.

Mantes-la-Jolie ? Eh ! C'est là qu'il avait rendez-vous en fin de matinée ! Elles se souvinrent soudain de sa conversation téléphonique la veille avec un journaliste. Il faudra qu'elles se montrent sous leur meilleur profil. On a beau être chaussures, on n'en est pas moins coquettes pour autant.

D'Hardricourt à Porcheville, le chemin de halage leur sourit joliment. Elles sentirent une petite appréhension dans les pieds du Fleuve-trotteur quand il releva sur un panneau l'inscription « Ciments français ». Sans doute craignait-il l'un de ces contournements si coutumiers des gravières et des ports de Seine. Il s'était inquiété pour rien, le halage traversait le domaine sans difficulté. Cela dit, elles n'eurent pas l'occasion de connaître la texture du ciment, il était invisible en ces lieux, certainement entreposé dans des silos.

De jolies maisons les saluaient sur leur passage.

Limay, observa le marcheur face à un grand pont qui enjambait la Seine.

Puis ce furent les berges de Mantes-la-Jolie, ou Mantes-la-Ville, peut-être, elles ne le surent pas trop, les deux communes se faisant face, incapables qu'elles étaient de lire ce qu'il en était sur les panneaux de signalisation.

Le temps grisâtre ne les gênait pas le moins du monde et ne perturbait en aucune façon leur élan sur la route. A la manière dont leur propriétaire ralentissait, elles avaient compris qu'il attendait le fameux journaliste avec qui il avait rendez-vous. Dès qu'elles aperçurent celui-ci se diriger vers elles, un bloc-notes au bout des doigts, elles s'apprêtèrent vivement pour se montrer sous leur plus belle robe, pas leurs semelles surtout, car l'aspect de ces dernières s'était trop dégradé pour être dévoilé en public.

Une petite demi-heure plus tard, elles étincelèrent de bonheur sous le flash de l'appareil photo du reporter de l'hebdomadaire « Le journal de Mantes ».

Le temps d'une conversation avec leurs consoeurs qui portaient le journaliste, puis d'une promenade vers un pont cassé, et les voilà reparties sur les chemins de l'aventure, en l'occurrence une superbe route au macadam réverbérant de chaleur et d'isolement. Direction, sortie de la ville. Pas une voiture, ni un piéton, ni même une trottinette. La route filait en avant, s'élargissait et lançait son tracé d'un rectiligne parfait sous un ciel de plomb.

Quelque part, un panneau fléchait à l'attention des curieux « L'île aux dames ». Mais rencontrer ces charmantes personnes, si tant est qu'il y en eût dans cette île, vers les 11 heures du matin sous une atmosphère à briser les nuques aurait tenu du miracle.

Elles continuèrent inflexiblement leur progression sur cette voie écrasée de soleil et de silence qui, en saison pleine, devait rugir sous des flots de véhicules (vu l'ampleur de sa chaussée), mais qui en cette fin juillet n'était qu'un désert sans fin.

Quelque temps après, leur propriétaire repéra un passage les menant la Seine.

Il ne s'était pas encore aperçu de l'érosion de la couche externe des semelles. Elles, en revanche, en avaient une parfaite connaissance et ne savaient comment l'alerter. Elles lutteraient jusqu'à la dernière particule pour maintenir ses pieds à l'abri de la chaleur et des vibrations, mais trop de marche sur l'asphalte brûlant vaincrait leur revêtement.

C'est avec plaisir qu'elles retrouvèrent donc les bords de Seine et les petits sentiers qui louvoyaient entre les buissons et les arbustes, et qui rafraîchissaient l'atmosphère. Les minutes et les heures n'avaient plus d'importance.

En milieu d'après-midi, quand il décida d'une halte, elles surent également que ce serait la fin de la marche du jour, car il commença à les délacer et à se déchausser. En effet, il ne les ôtait jamais lorsqu'il ne s'agissait que d'une pause déjeuner (jamais plus d'un quart d'heure d'ailleurs) ou d'une escale pour s'approvisionner.

Posées près de son tapis de sol maintenant étendu, elles étiraient amplement leur languette sous les lacets afin de sécher plus rapidement. La randonnée s'était révélée transpirante pour les pieds. Il leur fallait désormais évaporer ces eaux et ces sels, et redonner à leur intérieur les parfums montants des buissons alentour.

Elles perçurent, bien avant leur propriétaire, les vibrations de deux séries de pas sur la terre du sentier. Etonnant. Personne jusque-là ne s'était manifesté dans cette zone semi-boisée. Et puisqu'il comptait camper ici, cela signifiait qu'il avait pensé que les lieux seraient aussi déserts que durant son périple de la mi-journée. D'autant qu'on était loin d'une grande commune.

Quand ces chaussures inconnues s'approchèrent, elles notèrent que l'une d'elles était une paire féminine et l'autre une paire masculine.

Le Fleuve-trotteur s'engagea dans une conversation animée avec les nouveaux venus. Au début, elles ne portèrent aucune attention à leurs échanges, tout au plus avaient-elles entendu que les arrivants étaient un père et sa fille. Ce n'est que lorsqu'il les ajusta de nouveau sur ses pieds, qu'il plia ses affaires et suivit les deux personnes, qu'elles comprirent que celles-ci l'avaient invité. Le trio d'humains parlait de la commune de Moisson, le village où ils se trouvaient.

Peu après, elles foulèrent l'herbe tendre d'un jardin chaleureux et devisèrent avec leurs consoeurs tandis que les humains au-dessus, le père, la fille, et la mère venue les rejoindre, s'entretenaient gaiement de sujets qu'elles ne saisissaient pas vraiment, mais qui visiblement embellissaient leurs discussions.

Le soleil finit par décliner.

On parla, on dîna... et le pétillement se prolongea. Quelle soirée délicieuse dans le jardin sous la douce brise de l'été !

(Samedi 24 juillet 2004)

La nuit fut paisible à Moisson. Alignées auprès d'une cloison et reposant à l'abri dans cette grande pièce, elles laissèrent leur protégé profiter du confort de son lit.

Il avait expliqué à ses hôtes qu'il se lèverait tôt. Tout le monde s'était donc donné rendez-vous pour un petit-déjeuner à 6 h 30.

En ce début de journée, elles enserraient chaleureusement ses pieds sous les effluves savoureux des parfums de pain frais.

Discussions pétillantes entre humains... puis elles quittèrent la maison par les chemins de halage qu'elles avaient fréquentés la veille.

Elles prirent réellement conscience de l'extraordinaire largeur de la Seine juste après un lieu que leur propriétaire reconnut comme étant Rolleboise, une dimension rendue encore plus frappante par une double chute d'eau qui grondait au milieu du fleuve. D'abord celle d'un barrage (dont les flots rugissaient aux battants d'une écluse), puis celle d'une retenue un peu plus loin en aval.

Leurs semelles vibraient d'émotion à la vue des énormes pontons tels des routes aériennes qui planaient une quinzaine de mètres au-dessus de l'eau, rivés sur de gigantesques pylônes.

Que n'auraient-elles donné pour y grimper et survoler le fleuve de la hauteur de ce piédestal, et s'abreuver de la saveur des embruns qui en émanaient ? Mais le Fleuve-trotteur, bien que gagné par les mêmes sentiments, ne leur en offrit pas le loisir. Après une rapide photo et une exclamation devant un panneau « La Mère Bicquette », il les invita à poursuivre la marche.

Une évidence les frappa subitement. Là non plus, pas de chants d'oiseaux, exactement comme la veille. Alors qu'aux approches de la Capitale, leurs pépiements vagabondaient quand même par intermittence.

Soudain, alors qu'elles contournaient une série de bras secondaires, des craquements montèrent des champs à leur droite. Plus elles s'avançaient, plus ces craquements se propageaient à toutes les plantes. De petites explosions sèches qui se multipliaient à l'infini.

Elles se demandèrent si les graines (de blé, certainement) n'étaient pas en train d'éclater sous le feu du soleil. La différence de température, très fraîche du matin et son brusque sursaut sous les rayons brûlants, provoquait peut-être ce phénomène. Un peu à la façon des graines de maïs explosant sous la torréfaction de la poêle pour se transformer en pop corn.

Le disque du soleil approcha du zénith. Midi était dépassé depuis un moment et leur propriétaire n'avait pas l'air de vouloir ralentir. Cela tombait bien, elles non plus. En progressant sur le chemin, elles se souvenaient de quelques lieux traversés en grande pompe durant la matinée. Freneuse, par exemple, ou encore Bonnières-sur-Seine où elles s'arrêtèrent brièvement pour lui laisser le temps d'acheter de l'eau, et où il hésita légèrement sur deux routes.

Du haut du pont de Bonnières, il s'était interrogé en examinant les berges, la voie était-elle plus facile sur la droite ou la gauche ? Pour cette question, elles lui faisaient confiance, car de là où elles étaient, même en hissant leurs lacets, elles ne distinguaient rien.

Finalement, il se détermina pour la rive gauche. Une aimable chaussée, assez large pour deux voitures côte à côte, les y attendait et les pressait d'emprunter son cours. Son beau ruban d'asphalte bordait la Seine, coupé de tout bruit par une ligne de haute végétation. Pas un soulier ne se montra pendant leur marche, pas un pneu non plus, juste le chatoiement du soleil à la surface de l'eau.

Un chemin de terre remplaça la voie goudronnée et s'engagea sous une arche formée par les ramures des arbres qui se rejoignaient au-dessus du sol en une tonnelle ombragée. Sous leurs semelles, un gazon tel un magnifique tapis de douceur. Un idéal de route pour tout type de chaussures, du jeune mocassin jusqu'au talon aiguille. Trop idéal pour durer très longtemps.

Le joli chemin sous tonnelle buta subitement contre une falaise végétale plus dense qu'une forêt vierge, où même des brodequins n'auraient pu se frayer un passage.

Alors, elles rebroussèrent lacets, admirant durant leur trajet de retour les villas qui jalonnaient les abords de la Seine. Mais leur architecture avait beau agrémenter les berges, leur charme ne suffisait à réjouir le Fleuve-trotteur qui songeait surtout aux deux kilomètres en arrière qu'il devait effectuer à nouveau.

Les rails d'une ligne de chemin de fer étincelaient à quelques mètres de l'autre côté de la barrière végétale qui isolait le halage. Une haie entremêlée d'arbustes, de ronces et d'un enchevêtrement de tiges et de branches impénétrables.

Elle comprenait la question qui tourbillonnait plus haut dans la tête, le point de vue de quelqu'un qui ne souhaitait en aucune façon entamer deux kilomètres de marche inutile et pour qui le tableau se dressait ainsi : un joli chemin gazonné sous ses pieds, la Seine à gauche (et dépourvue de pont), à droite une épaisse haie infranchissable bordée d'une voie de chemin de fer et au-delà encore, sur une butte plus élevée, une route importante (dite Nationale) qui, elle aussi longeait, la Seine bien qu'à une distance plus grande.

La tentation était mordante de rejoindre la Nationale. Mais comment faire ? Ce n'était à la portée ni d'un humain ni d'une chaussure, à moins de se déchirer la peau dans les ronces et les branchages. La chance finit par les favoriser. Durant le chemin du retour, une trouée se présenta soudainement dans la haie touffue. L'impétueux voyageur s'y lança aussitôt. Elles écrasèrent sous leurs semelles de longues tiges d'orties pour lui éviter la brûlure de leur acide. Une fois sorties de la trouée, elles franchirent rapidement la voie ferrée pendant que leur propriétaire jetait un regard anxieux de chaque côté des rails pour s'assurer qu'aucun train ne s'approchait. Elles grimpèrent ensuite le talus opposé à vive allure et surgirent enfin sur la grande route nommée par convenance « la Nationale ».

En d'autres périodes que cette fin juillet, leur situation aurait été plutôt périlleuse, mais en ce creux estival, la faible circulation leur permettait de progresser sans crainte d'un télescopage impromptu.

Elles restaient cependant en alerte, avançant sur le bas-côté, s'éloignant du bord de la chaussée quand une voiture apparaissait. Elles slalomaient entre les fleurs blanches surchargées de guêpes.

Deux kilomètres de cette marche balbutiante les amenèrent aux frontières d'un petit village appelé Port-Villez. Une gentille bourgade qui les fit quitter la départementale pour en apprécier les demeures. Un chemin se dessina au bord de la Seine.

Deux jeunes chaussures vagabondaient près de là. A la question du Fleuve-trotteur, on lui répondit que le halage continuait sans souci jusqu'à Vernon, la prochaine ville, mais qu'à un moment donné, il surviendra un passage plus ardu. Aucune importance. Mieux valait un halage un peu rude que l'éventualité d'une collision sur la Nationale.

Pour la première fois depuis le début de leur périple, elles prirent conscience de la difficulté d'entrer dans les grandes agglomérations ou d'en sortir en suivant strictement les voies sur berge (hormis Paris et ses alentours). Quand ce n'étaient pas les ports à contourner, c'était le chemin de halage lui-même qui disparaissait, ne laissant d'autres choix que l'usage d'une route départementale.

Heureusement, de longues portions de halage subsistaient encore. Tel que celui qu'elles enfourchaient dans le prolongement de Port-Villez. Un chemin d'ailleurs particulièrement rugueux, aux pierrailles meurtrières pour des pieds ayant déjà vingt jours de marche à leurs talons. En compensation, cette voie leur offrait un paysage débordant des reflets merveilleux de la Seine.

Un kilomètre après le village, des rangées de lilas (à moins que ce ne fût plus certainement des glycines) pendirent leurs tiges au-dessus du chemin. Une arche de fleurs mauves qui, bien que fanées pour la plupart, coloraient l'espace de leurs lents balancements. Un mois plus tôt, en pleine floraison et leur calice empli de pollen, la voûte des lilas aurait ressemblé à une arche bourdonnante d'abeilles et de guêpes. Pas sûr que leur propriétaire s'y serait engagé. Plonger sous un dôme de guêpes s'il ne s'agissait que d'un mètre, il aurait peut-être tenté sa chance en marchant le dos courbé et les genoux pliés, mais sur une distance pouvant totaliser un kilomètre ou plus, c'était la garantie de piqûres à peau ouverte. Elles pariaient qu'en ce cas il aurait préféré la Nationale.

Cela dit, ce n'était là que pure spéculation de leur part.

Et de toute façon, il aurait forcément fait demi-tour. En effet, trois mètres plus loin, cette arche de lilas les mena face à une nouvelle muraille végétale infranchissable.

Pour elles qui le connaissaient si intimement, le retour sur 1 km en arrière ne lui conviendrait pas. Il essaierait de trouver une autre solution. D'ailleurs, il examinait déjà la meilleure façon de pénétrer l'obstacle. Comme lui, elles y distinguèrent alors une minuscule trouée dissimulée derrière un écran de feuilles, juste assez large pour qu'un humain pas trop épais puisse s'y glisser.

Cet étroit passage continuait-il le long du halage ou se bloquerait-il au bout d'une centaine de mètres ?

Elles étaient d'avis de tenter cette voie. Par ailleurs, cette trouée était engageante, égayée par ces grands buissons chargés d'une multitude de fleurs blanches. Elles avancèrent d'une semelle hardie dans cette ouverture... et reculèrent encore plus rapidement. Les buissons croulaient de guêpes dont quelques-unes, dérangées par le balancement provoqué par leur entrée, s'élevaient agressivement.

Tant pis pour la marche au sein de la verdure. Et tant mieux pour la perception renouvelée du chemin halage qui gagnait en prestance lors de leur second passage. Pas trop longtemps cependant. Des ramures plus éclaircies se présentèrent dans la haie latérale. Et hop ! les voilà y creusant leur voie, puis traversant en toute hâte la ligne de chemin de fer après avoir sondé de chaque côté l'absence de locomotive, et nouvelle escalade de talus pour revenir sur la Nationale. Il y circulait des véhicules plus nombreux que dans leur parcours précédent, mais qui roulaient heureusement à deux mètres du bas-côté tant la route était large.

A un moment, le Fleuve-trotteur se pencha vers elles, ôta la chaussure gauche de son pied. Elles redoutaient toujours cet instant où leurs semelles nues se montraient au grand jour maintenant que la pellicule de protection avait disparu. Un peu honteuses de ces haillons d'alvéoles dont nulle chaussure ne se vanterait, elles se demandaient s'il serait jamais possible d'améliorer leur condition.

Malin comme il était, il trouva la réponse.

D'abord, et pour la troisième fois en deux jours, il vida les alvéoles des petits cailloux aux pointes acérées qui y étaient logés et qui avaient dû lui piquer les talons. Puis il ramassa deux cailloux plats, plus larges, et sans arêtes. Il les inséra dans les alvéoles, de sorte que, l'espace étant désormais plein, aucun gravillon ne pouvait plus y entrer.

Des réparations sommaires qui leur rendirent leur bonne humeur.

Si leurs talons étaient creusés, leur robe en revanche n'avait presque pas souffert. Dépourvue de déchirure, elle arborait une belle patine gagnée par ces jours entiers de marche sans brossage ni repos. La dureté du périple s'était fait sentir essentiellement sur leurs semelles.

C'est sous cette avenante apparence qu'elles s'avancèrent dans les rues de Vernon (grande ville du département de l'Eure) et qu'elles s'arrêtèrent stupéfaites en face d'un vieux pont cassé. Il ne restait que quelques piliers de cet ouvrage gigantesque qui traversait autrefois le fleuve vraiment très large à cet endroit. Des grappes de végétation y avaient accroché leurs racines.

Les deux derniers piliers, côté rive droite, conservaient encore leur tablier surmonté d'une antique maison dont elles percevaient au loin l'empreinte des siècles. Quelqu'un à proximité avait confié qu'il s'agissait d'un ancien moulin.

Quelques bateaux oscillaient leurs voiles blanches sur des eaux d'un saphir éclatant.

Une volée de semelles plus loin, un château dressait ses murailles à une hauteur que jamais chaussure n'aurait pu grimper.

Dans cette grande ville où tout était à portée de lacets, elles ne se soucièrent plus de la soif de leur propriétaire. Il s'était vite réapprovisionné en eau et en victuailles. Désormais, paré pour la suite du voyage, il se prononça pour la rive droite, du côté de la vieille maison sur le pont cassé.

Elles ronronnèrent de plaisir sur les petits sentiers retrouvés. La progression était exquise à l'ombre des bois. A un moment, elles admirèrent au sommet d'une butte, la partie supérieure d'un château dont les blanches façades se détachaient au-dessus des arbres.

Le Fleuve-trotteur, exalté par un vent nouveau, les faisait voler sur le sol meuble. Elles étaient ravies de filer si vite en bordure du fleuve.

Il s'arrêta plus tôt que d'habitude, vers les 16 heures, déposa son sac et déroula son tapis sur un espace herbeux qui se profilait entre la Seine et le sentier. Il ne s'y assit pas tout de suite, préférant observer les alentours, flâner à droite à gauche, sans toutefois s'écarter beaucoup de ses affaires. A son allure nonchalante, elles avaient deviné qu'il ne continuerait pas plus loin aujourd'hui. Effectivement, peu après, il les ôta de ses pieds et les plaça au grand air. Lui-même sur son tapis avait saisi sa carte et releva l'endroit : Pressagny-l'Orgueuilleux. Le nom de la commune.

Elles étaient tranquilles ici, sur cet emplacement que les ramures inondaient de fraîcheur en les préservant des regards extérieurs. D'ailleurs, depuis leur départ de Vernon, toute la berge se déployait sous les arches d'un petit bois.

Des arbres dansaient également sur la rive opposée.

Bien que reposant à l'ombre des feuillages, elles séchèrent rapidement. Les herbes les caressaient lorsque la brise très légère les agitait.

Elles aperçurent, amarrée quelques cinquante mètres en amont, une jolie barque dont elles auraient volontiers humé le bois de la coque. Mais leur propriétaire, respectueux des biens, n'effectua pas un seul mouvement en sa direction. Alors, elles s'intéressèrent aux libellules et au vol des oiseaux qui parfois zébraient le ciel toujours d'un bleu limpide.

Il s'étendit sur son tapis. Au ralentissement de son souffle, elles comprirent qu'il s'était endormi. Une sieste néanmoins assez courte jusqu'à ce qu'il saisisse son carnet pour y relater les aventures de cette journée, en espérant qu'il n'oublie pas de parler de leur vivacité au long du chemin. Même une chaussure peut être sensible aux compliments.

Tout à coup, elles s'éveillèrent de la torpeur qui les avait gagnées. Là-bas, un homme était entré dans la barque, l'avait détachée et ramait en direction de... oh ! ce n'était pas la rive gauche de la Seine qui s'étirait devant elles sous ce flot d'herbes. C'était une île. Comment avaient-elles pu ne pas le remarquer ? Maintenant qu'elles y faisaient attention, elles distinguaient parfaitement l'autre bras du fleuve qui rejoignait celui au bord duquel elles se trouvait, en formant une pointe de terre à l'extrémité de l'île. Des bêlements leur parvinrent de derrière le rideau d'arbres. Au retour du rameur, elles l'entendirent s'exclamer (à quelqu'un d'indétectable au-delà des feuillages) « Elles avaient soif, l'abreuvoir était à sec ».

Ainsi donc, des agriculteurs du coin faisaient de l'élevage de chèvres ou de moutons à l'intérieur de cette île.

Le temps passa. La lumière prit les teintes chaudes typiques de fin d'après-midi.

Elles s'attendaient à ce que le Fleuve-trotteur dressât bientôt sa tente. Quelle stupeur quand ses mains les saisirent soudainement, les ajustèrent rapidement à ses pieds et les firent galoper le long de la berge. Heureusement qu'elles étaient toujours prêtes ! A hauteur de la pointe de l'île, il s'arrêta et s'empara de son appareil photo.

Elles ne regrettèrent pas cette course accélérée. Le soleil couchant peignait la Seine d'un camaïeu de rose et de jaune d'une beauté sans précédent.

Longtemps après que la nuit recouvrit la campagne, leur robe gardait encore le souvenir de ces reflets fugaces.

25 juillet 2004
De Pressagny à Saint-Pierre-de-Vouvray.

Si la température fut brûlante durant la journée, le gel de la nuit fut son exact opposé, c'est-à-dire très prononcé. Elles ne sentirent que très peu ce contraste, des chaussures de bon aloi sont hermétiques à ces variations.

Leur propriétaire les ressentait bien différemment.

Elles l'avaient vu se coucher, tee-shirt sur les épaules, leurré par la forte chaleur de l'après-midi. Il s'éveilla plus vite que prévu, endossa son blouson, qui manifestement ne suffisait pas, car plus tard, il s'empara de son sweat polaire pour se réchauffer le torse. Les pieds nus sans chaussettes, quant à eux, gelaient tout seuls au bout du tapis.

Et recommença le manège des réveils furtifs et des retournements de position.

A la lumière de son briquet, elles l'entendirent s'exclamer à l'affichage de sa montre : 4 h 50 ! Elles le virent alors, saturé de froid et de sommeil coupé, se dresser, ranger ses affaires et sa tente sous un ciel couvert.

Fixées sur ses pieds, jamais fatiguées, ni de marche ni d'aventure, elles avancèrent dans un miroitement crépusculaire qui leur permettait malgré tout de distinguer le sol sous leurs rainures. Des lueurs rouges se reflétèrent fugacement sur leur robe, vite happées derrière les lourds nuages.

Elles retrouvèrent la vision de la Seine quand le jour se leva, et celle désormais familière de grands champs parcourus maintenant de multiples pépiements d'oiseaux.

« Les Andelys, son château gaillard, son roi et ses ducs ! »

Un château ? Quel château ?

Etait-ce cet énorme édifice qui couronnait une falaise et dont l'ossature y dressait encore fièrement ses vestiges flamboyants ? Quoi qu'il en soit, la ville arborait d'autres témoignages des temps médiévaux, notamment ce chevalier qui accueillait les visiteurs de la hauteur de sa sculpture végétale. En plein milieu d'un rond-point, il rappelait aux passants que même si le château était détruit, l'esprit de la chevalerie resterait éternellement vaillant.

Elles lui adressèrent un petit bonjour du bout de leurs lacets. Après tout, les chaussures n'étaient-elles pas elles aussi des écuyères dans leur genre, les fidèles soutiens du chevalier des fleuves qui répondait au nom de Patrick Huet ? A cet égard, elles méritaient pleinement le titre d'écuyères de la Seine.

Quand leur chevalier eut fini sa promenade aux Andelys, qu'il termina ses emplettes et gonfla ses gourdes de l'eau des bouteilles achetées, elles respirèrent à nouveau le doux chemin des bords de Seine. Le sol joliment gazonné fut remplacé un peu plus loin par un asphalte très avenant.

Ainsi qu'elles le notèrent une nouvelle fois, toutes les routes ont leur charme propre, leur esthétique et leur utilité. Qu'elles soient bitumées ou de terre battue, elles proposent aux usagers autant d'attrait que d'intérêt.

Celle-ci s'orna de prés piquetés de vaches, et d'où montaient par endroits les traditionnels pommiers de la Normandie. Le ciel croulait de nuages si bas qu'ils paraissaient sur le point de s'effondrer.

Puis des falaises impressionnantes haussèrent leur crête de l'autre côté de la Seine. Des sommets en forme de capuchons dont la silhouette prenait l'aspect de buste de géants. Entre ce qui donnait l'apparence d'être leur tête et l'espace de leurs épaules, une route en faisait le tour et semblait dessiner une de ces collerettes en vogue à la Renaissance.

Le Thuit, nota leur propriétaire qui voulait garder ce lieu insolite en mémoire, tout comme il avait inscrit un peu avant Le-Val-Saint-Martin sur son carnet.

A partir de Val-Saint-Martin, et à l'égal de ce qu'elles avaient remarqué avant Paris, les propriétés touchaient directement la Seine. Cela ne gênait en aucune façon leur vision ni celle du marcheur, car de la route elles avaient une vue totale sur le fleuve. Ce n'était pas un phénomène soudain, depuis la veille déjà, les villas reprenaient assise au bord de l'eau.

Après les maisons, c'est-à-dire en fait après les limites du village, la campagne normande les inonda de vert. Elles glissaient entre fleuve et prairies. Le miroir de la Seine était si large que c'en était inconcevable. L'horizon de brume accentuait encore cette impression.

En fin de matinée, le ciel se dégagea à demi. Le soleil jouant à cache-cache les éclairait par moments, puis disparaissait derrière les nuages.

Maintenant que les averses ne les menaçaient plus, elles contemplaient avec ravissement ces belles prairies veloutées de vert.

Le soleil revint définitivement peu après.

Alors qu'il se fixait droit au zénith, elles entendirent le nom de « Saint-Etienne-du-Rouvray ». Un petit village au vu du nombre de maisons, une immense localité au regard de leurs semelles. Il leur semblait ne jamais avoir foulé de parc aussi vaste et gazonné et qui soit à la fois si proche de la Seine. Par ailleurs, de grands espaces dispersés çà et là accentuaient l'impression que la commune s'étendait sur des kilomètres de soleil.

Peu de collègues chaussures en cette fin de matinée.

Quand leur propriétaire s'arrêta pour la pause du midi, elles adorèrent folâtrer sur cette belle pelouse. Et lorsqu'il les ôta pour s'installer à côté de son tapis, elles comprirent qu'il n'avait pas l'intention de repartir.

Il s'engagea dès lors dans plusieurs activités qui les concernaient peu, écriture, lecture, petite sieste...

En fin d'après-midi, quand le soleil obliqua sur l'horizon, des chaussures citadines sillonnèrent plus fréquemment le parc. Elles disparurent au crépuscule, moment que choisit le Fleuve-trotteur pour dresser sa tente derrière un massif d'arbustes et les rentrer pour la nuit.

Si les jours précédents s'étaient écoulés sous la double signature de la sécheresse à l'extérieur de leur robe, et de l'inondation à l'intérieur de celle-ci (par la transpiration), cela ne pouvait durer ainsi très longtemps en cet été semi-pluvieux.

Le lendemain se parapha par une marée d'eau à l'intérieur, submergeant les pieds qu'elles s'étaient évertuées à protéger dès le lever. Car à peine sur le sentier de halage, qu'un déluge les déborda, les pénétra par le haut (par l'ouverture des lacets) par le bas (par les trous des alvéoles sous les talons), et noya les pieds qu'elles entouraient. Ces pluies de Normandie s'estompèrent au confluent de la Seine et de l'Eure, juste assez pour que le journaliste qui était venu les rejoindre (au niveau de Pont-de-l'Arche) puisse prendre d'eux une séduisante photo.

Les eaux du ciel avaient nettoyé leur robe et les avaient rendues si pimpantes qu'elles ne doutaient pas de faire belle impression sur le cliché. Heureusement que le journaliste n'avait pas demandé à les examiner plus avant, elles auraient rougi de honte de devoir exhiber leurs talons abrasés et leurs semelles rongées. Des chaussures de bonne famille tenaient à leur réputation. Par chance, il s'intéressait davantage à leur vêture externe, et surtout au choix d'un emplacement et d'un angle adéquats pour sublimer la photo. Le lieu retenu s'avéra être le déversement d'un immense barrage appelé « Les écluses de Poses » dont les eaux fracassantes dessinaient un arrière-plan qui mettait en relief l'intrépidité du voyage.

La pluie déferla de nouveau, juste après le départ du journaliste.

Mais puisqu'elles étaient trempées en totalité depuis des heures, cela n'avait plus d'importance.

Le sentier, battu par des siècles d'allées et venues, restait ferme et ne s'était pas transformé en boue comme un sentier ordinaire aurait pu le faire. Seule une pellicule superficielle s'était gorgée d'eau. Cela ne suffisait pas à les maculer sérieusement. Par instants, elles frôlaient le bord de la berge, une falaise de terre (de deux mètres de haut) qui plongeait verticalement dans la Seine.

Puis ce fut enfin la belle chaussée d'une ville riche de son passé, Elbeuf, grande cité du drap et centre d'un ensemble de communes.

Si la pluie s'arrêta juste à cet instant, ce n'était pas encore le moment de souffler. Toutes énergies dehors, elles le conduisirent chez une de ses amies qui habitait la ville, puis chez sa mère qui elle aussi résidait à Elbeuf.

Maintenant qu'il arrivait en territoire connu, nul doute que sa marche se terminerait là pour aujourd'hui. A l'abri des intempéries, elles prirent le temps de se sécher afin d'être prêtes dès qu'il aurait besoin d'elles. Et comme il était peu convenable qu'un humain évoluât pieds nus sur les parquets, des collègues à elles, des pantoufles de maison, s'ajustèrent à ses pieds. Elles n'en furent pas jalouses. Ces demoiselles ne savaient rien de la fulgurance de l'aventure ni de la grandeur des périples exténuants. Et puis, si elles n'avaient pas été là, qui donc se serait soucié des pieds ?

Le lendemain, repos. Juste un petit déplacement ici ou là pour visiter la famille de leur propriétaire et discuter lacets contre lacets avec leurs nouvelles amies. Ces chaussures-là, souliers vernis, tongs, espadrilles ou autres, étaient aussi leur famille, d'une certaine façon.

Le surlendemain arriva très vite.

Avant même que l'aube ne s'esquisse, elles recouvraient déjà les pieds de leur fougueux aventurier et dévalèrent la route escarpée qui allait de Bourgtheroulde à Elbeuf et conduisait plus loin à la Seine. Dans leur élan, elles dépassèrent de belles demeures de pierre et des habitations beaucoup plus anciennes arborant des façades aux poutres apparentes.

Impatientes, elles prirent à peine le temps d'admirer ces beaux colombages dont certains chatoyaient de vert et se précipitèrent vers le fleuve. A partir de là, impossible de perdre son chemin.

La route des berges filait d'un seul trait entre la Seine sur la droite et, sur la gauche, une série de hautes falaises dites Les Roches d'Orival. Sous la forêt qui les recouvrait, c'était du calcaire, de la craie, la pierre typique de Normandie dont elles avaient aperçu des éclats d'un blanc étincelant vers Le Thuit et sous le rideau des pluies continues.

Au bout d'un moment, l'eau disparut de leur vue. De grands bâtiments en obstruaient la perspective. La Seine était là, à moins de 5 m, seulement la zone industrielle ne leur permettait ni de l'admirer ni de la rejoindre.

Le chemin de halage, métamorphosé désormais en desserte industrielle, favorisait la marche, mais aussi la circulation de lourds véhicules. Elles hurlèrent en silence quand une bétonnière dépassa bruyamment un camion en les frôlant de si près qu'elles crurent finir écrasées sous les énormes roues. Dès lors, elles restèrent vigilantes à l'écoute du moindre ronflement de moteur.

De jolis noms résonnaient à leurs lacets : comme Oissel, et d'autres avant que celui de Rouen, capitale de la Seine-Maritime, ne se signale par une belle pancarte.

A mesure qu'elles progressaient, le halage gagnait en largeur... et en trafic. Au point qu'elles devaient se maintenir prudemment sur le bas-côté. Une circulation principalement de nature industrielle.

Pénétrer dans Rouen ne fut pas des plus aisé. Plus elles s'en approchaient, plus les camions et véhicules en tout genre grondaient sur la voie transformée en quasi autoroute, ici même, au niveau de Rouen. Dans ces conditions, comment feraient-elles pour traverser sans se faire écraser et accéder à la ville dont les immeubles flamboyaient de l'autre côté de cette immense voie ?

Une accalmie se profila dans le trafic. Dès que les pieds bondirent à travers la chaussée, elles se joignirent à leur effort et les aidèrent à franchir encore plus vite ce passage dangereux de toute la vigueur de leurs lacets serrés.

Quelle aventure ! Heureusement qu'elles étaient formées à affronter n'importe quelle situation.

En sûreté désormais du côté piéton de la ville, elles riaient sur les trottoirs. Un peu plus loin, elles parcoururent une place abondamment fréquentée par des touristes et dotée d'un marché couvert. Un espace y avait été aménagé pour recevoir la base d'une immense croix dont l'inscription rappelait l'événement qu'elle commémorait : l'emplacement exact où fut élevé le bûcher de Jeanne d'Arc.

En progressant plus profondément, elles dépassèrent un donjon massif, celui où fut enfermée Jeanne d'Arc en l'attente de son procès et dernier vestige d'un château disparu. Elles rêvaient de pénétrer dans cette tour, escalader les escaliers de pierres qui tourbillonnaient jusqu'au sommet vers les salles tamisées du musée, mais le Fleuve-trotteur avait d'autres priorités. La visite du donjon sera pour plus tard. Pour le moment, il avait rendez-vous à une heure bien déterminée avec un journaliste, elles le savaient parfaitement puisqu'elles l'avaient entendu fixer l'horaire par téléphone.

Elles s'étonnèrent de l'étroitesse des rues du vieux centre-ville et des beaux immeubles à colombage si proches de chaque côté de la chaussée. C'était exactement ce type de cités qu'on érigeait au Moyen-âge partout en France : des façades aux poutres ouvragées, des voies juste assez larges pour permettre le passage d'un chariot. Y avait-il à cette époque des sens uniques qui imposaient des règles de circulation aux chariots, voitures à chevaux ou tirées par des boeufs, afin d'éviter les blocages ?

Question intéressante que les chaussures se posèrent un moment, elles qui ne connaissaient pas de limites, qui vaquaient en tout lieu et toute hauteur, capable de bondir sur les rochers, d'escalader les arbres et les escaliers, et que pas un seul sens interdit n'aurait pu arrêter. Question vite oubliée quand elles s'engagèrent sous un porche voûté soutenant une horloge qui semblait d'or pur tant elle étincelait sous le soleil.

« Le gros horloge. »

Le point de rencontre fixé la veille par le journaliste. D'après la récente conversation au téléphone, elles savaient que les Rouennais désignaient cette horloge millénaire sous l'appellation « gros horloge » et non pas grosse horloge. Toujours en fonctionnement, il jetait des reflets dorés sur les alentours et les faisait resplendir. Elles en furent enchantées, car ces doux rayons leur conféreraient davantage de prestance pour la photo que ne manquerait pas de prendre le journaliste de Paris Normandie.

Ce dernier arriva à l'heure prévue, discuta longuement avec leur propriétaire, de son aventure, de ses péripéties, de ses projets, lui apprenant par la même occasion que les services maritimes commençaient après le deuxième pont et que l'on considère que le cours d'eau entre le Havre et ce pont, ce n'est pas la Seine, mais la mer. Et que la marée s'y fait déjà fortement ressentir.

La conversation porta ensuite sur bien d'autres sujets qui les passionnèrent moins. Pour la photo, en revanche, elles déployèrent leur plus belle apparence, bercées par les rayons dorés réverbérés par les aiguilles du "gros horloge".

Après l'entretien et les quelques amusements qu'elles s'octroyèrent en flânant à travers les rues, et en visitant tel ou tel lieu, les voilà qui se tournaient de nouveau vers l'Ouest.

Dans la ville qui n'en finissait pas de dévoiler ses beaux immeubles, ses parcs et ses berges ensoleillées, des milliers de chaussures leur adressaient un petit bonjour en les croisant. Des noires, des vernies, des colorées, des mocassins, des nu-pieds ou des baskets, des neuves et des défraîchies... toutes sympathiques et resplendissantes sous la lumière d'un soleil qui devenait brûlant.

Elles s'émerveillaient de ces rencontres fugaces et souriaient à l'idée de ce que leurs consoeurs ne pouvaient se vanter d'avoir au compteur de leurs semelles la marque (au sens propre et au sens figuré) d'un périple aussi fantastique que le leur. Une aventure loin d'être terminée, cependant. Car si Rouen était considéré comme un port maritime, les rivages de la Manche et les plages du Havre étaient encore à des jours de marche.

Elles guidèrent leur propriétaire vers la sortie de la ville, désappointées au bout d'un certain temps de ne pouvoir distinguer les flots de la Seine. D'imposantes constructions industrielles leur entravaient la vue. Sans doute une zone d'activité portuaire, Rouen étant une grande capitale en ce domaine, y compris pour le pétrole.

Après Rouen, l'asphalte ruisselait de soleil.

Sous l'impulsion des pieds, elles grimpèrent un petit coteau pour rejoindre un parc remarquable à la pelouse d'un vert langoureux. Elles, qui ne craignaient ni les roches, ni la boue, ni les ronces, apprécièrent néanmoins le gazon sur lequel elles furent placées après avoir été déchaussées.

A l'évidence, l'étape du jour s'achevait ici. Un choix judicieux. Le parc était vaste, sillonné de minuscules allées arborées entre lesquelles la tente pourrait être montée sans devenir le centre de vision de quiconque.

Etonnamment, quasiment personne ne s'y promenait alors que de hauts immeubles d'habitation se dressaient sur la droite à moins de cent mètres.Seuls quelques jeunes enfants accompagnés de leurs parents s'amusaient au loin dans la partie qui leur était dédiée. Un si beau parc... et si peu de monde. L'explication venait peut-être de la présence en contrebas, entre la Seine et la route, d'un imposant édifice dont les machines grondaient à fort volume. Une raffinerie du nom de Shell selon les paroles de leur protégé quand il relata sur son carnet les grandes lignes de son voyage depuis le matin. Apparemment, le vacarme de la journée qui faisait fuir les promeneurs ne le gênait pas.

Elles ne s'en souciaient pas non plus. Les sons glissaient sur leur robe sans aucun effet. Pour les oreilles humaines, en revanche, cela devait être lassant au bout d'un moment, voire insupportable.

Le crépuscule tomba. La raffinerie se changea en château de lumière dès l'allumage de centaines de néons positionnés dans différentes inclinaisons. Un enchantement pour les yeux. Et très certainement un désenchantement pour les oreilles du Fleuve-trotteur, car s'il avait pensé que la raffinerie s'arrêterait le soir, lui permettant de dormir tranquillement, c'était raté. Elle était partie pour fonctionner toute la nuit. Vingt-quatre heures sur vingt-quatre à l'égal de nombre d'usines à travers le pays.

Heureusement qu'il avait été prévoyant. La petite boîte de boules Quiès qu'il avait emportées avec lui vainquit les outrages à son sommeil.

Quelques heures plus tard, elles le virent se dresser sur son céans bien avant que l'aube ne se lève. La dureté des sons qui montaient de la raffinerie, quand il ôta ses bouchons d'oreille, ne sembla pas l'embarrasser. Il est vrai qu'il ne s'attarda pas dans le parc, dix minutes suffirent à tout plier et à se parer pour la route.

Elles chantèrent sous ses pieds quand elles descendirent le coteau. Dans l'obscurité les lampes de la raffinerie gagnaient en intensité et, plus que jamais, la métamorphosaient en palais de lumière. Pas de recherches immédiates d'une ouverture sur la Seine. Probablement qu'autour de la raffinerie, les lieux étaient très surveillés, voire interdits, et qu'il valait mieux progresser un peu auparavant. Alors elles glissèrent sur l'asphalte sombre vers le grand ouest.

La brume épaisse voilait et enrobait toute chose. Néanmoins, parvenu à une petite commune, l'éclairage permettait de lire correctement l'inscription du panneau : Les Moulineaux.

Ici également, le chemin de halage s'était transformé en une voie sur berge qui prenait des allures de route côtière. Le brouillard était si profond qu'il noyait tout. Si leurs semelles voyaient bien le trottoir, l'oeil du marcheur ne discernait dans l'obscurité qu'un immense horizon de brume opaque et mouvante comme l'océan. Ce n'était ni la Seine ni la route qu'il percevait, mais une mer sombre aux vagues ondoyantes.

Les brumes dérobaient toute vision. Impossible toutefois de se tromper, car la Seine clapotait en bas de cet ancien halage. Leur propriétaire éprouvait-il quelques contrariétés face à ce voile impénétrable ? D'autres peut-être, mais pas lui. Elles savaient qu'il était de nature à s'enthousiasmer à la moindre nouveauté de la météo ou du terrain. Ses jambes bondissaient en avant, et elles étaient fières de les accompagner, leurs semelles épousant la route avec une vivacité digne des chaussures les plus neuves.

De temps à autre, un mât trouait l'océan de brumes, témoignage de la présence d'un bateau à la coque invisible. Elles le virent noter scrupuleusement le nom de 'La Bouille' dans son carnet, lieu où il photographia une mouette perchée sur un de ces mâts.

Lorsque le brouillard diminua, très légèrement, elles distinguèrent les eaux qui ondulaient bien plus bas que le niveau de la route, et remarquèrent que le mur de soutènement de la berge était parsemé de traces d'algues, signe que la Seine était à marée basse.

Elles ne s'aperçurent de la disparition des brumes que lorsque leur propriétaire les mena à l'entrée d'un domaine au charme renversant. Elles n'en foulèrent pas les allées, se contentant de l'admirer depuis le portail extérieur. Une demeure à étage resplendissante de beauté que rehaussait encore le toit typique de la région. Elles entendirent le Fleuve-trotteur s'exclamer « Le clos normand » alors qu'il lisait l'inscription en haut du portail, détail qu'il nota, là également dans son carnet, de même que le chiffre 8 h 15, l'heure précise où le soleil perça le brouillard.

Extraordinaire, de croiser un tel domaine au bord de la route à quelques mètres de la Seine.

Un autre manoir d'aussi belle prestance s'éleva un peu plus loin, sa façade élégante dominait le paysage et ses fenêtres plongeaient leurs carreaux sur l'immense largeur du fleuve.

En se calant sur le trottoir droit qui bordait au plus près la Seine, elles prirent conscience de la parfaite rectitude de la route. Dépourvue de circulation, elle s'offrait totalement à leurs semelles.

En cette fin juillet, cette artère qui remplaçait le chemin de halage d'autrefois ne connaissait pas le moindre vrombissement de voiture et leur ouvrait tout grand le brasillement de l'été.

Une belle journée éveillait de nouveau la campagne normande nullement incommodée par le panneau avertissant "Risque d'inondation au passage de bateau ou de Mascaret". Le mascaret, une houle sévère qui remonte parfois la Seine lors d'une marée plus importante que d'ordinaire, retournant les barques et inondant les berges sur son passage. Vu la hauteur brune qui imprimait le mur de soutènement, marque du niveau de la Seine à marée haute, les vagues pouvaient effectivement déborder sur la route.

Heureusement pour leurs semelles, et pour les pieds qu'elles enserraient, le majestueux bateau rouge aux proportions énormes qu'elles aperçurent peu après remontait le fleuve à marée basse. La houle qu'il provoquait dans son sillage grimpait facilement d'un mètre contre le mur de soutènement.

La suite de la journée se déroula sous un soleil bienveillant pour leurs lacets, éprouvant pour le Fleuve-trotteur que ne bénéficiait plus d'aucun ombrage.

Elles retrouvèrent de la fraîcheur à Yville-sur-Seine. Un tout petit village, certes, mais accueillant pour le bivouac du soir et pour la discrétion de ses ramures.

Après Yville jusqu'à la Vacquerie

Cette nuit-là fut aussi courte que les précédentes, mais plutôt douce.

« 4 h 45 » avait murmuré le dormeur invétéré d'une voix encore lourde de sommeil. Ce qui ne l'empêcha pas de se lever et de les chausser.

Une demi-heure plus tard, les voilà qui le portaient vers l'Ouest.

Un mince bandeau rose se levait à l'horizon.

Leur propriétaire les dirigea vers le bas-côté herbeux. Choix judicieux qui lui évitait les chocs montant du bitume. A Elbeuf, il avait eu la délicatesse de renforcer leur structure en y plaquant à l'intérieur des semelles adhésives. Toutefois, cela ne suffisait pas à compenser l'absence d'une véritable semelle d'origine, parce qu'il ne s'agissait que d'un complément interne pas fait pour atténuer les chocs de la chaussée.

Les alvéoles n'étant plus protégées par la pellicule externe, la marche des deux derniers jours les avait rognées davantage, abrasées avec férocité, si bien que les cailloux plats ne pouvaient plus tenir. Désormais, les graviers s'y inséraient à volonté et l'impact du talon sur la route montait directement sur la jambe.

Par bonheur, elles avançaient maintenant sur de l'herbe qui amortissait les chocs.

Un peu plus loin, elles s'arrêtèrent brièvement devant un panneau « Barneville ! ». Une petite bourgade sans rien d'exceptionnel à première vue, mais le regard d'un poète volait plus haut que n'importe quel lacet et savait déceler des phénomènes insolites.

Vite, il les fit grimper sur une pente raide qui conduisait à un plateau d'où la perspective sur l'aurore était si belle qu'il en prit plusieurs clichés.

En continuant sur le plateau, elles parvinrent à des pâturages, toujours en surplomb de la Seine. Un éclair de rubis traversa la pénombre juste entre les cornes d'une vache. Ce n'était pas tout le ciel qui s'éclairait, mais des rayons éblouissants qui fulguraient comme des flèches au-dessus des prés.

Elles s'imprégnèrent avec délice de ces battements de rayons roses. A l'horizon, le mince bandeau prit ensuite de l'ampleur, éclaircissant davantage le petit matin.

Plus loin, elles visitèrent Mauny-le-Bas et s'extasièrent devant les maisons normandes qui s'étendaient dans tout le village et dont l'image tant de fois centenaire régalait l'azur de leur toit de chaume. Mais s'y attarder n'entrait pas dans le programme du jour alors que les effluves de la mer pressaient les impatiences.

Elles marchèrent le plus rapidement possible pour emmener leur protégé à un point d'eau. En effet, sous la tente, elles l'avaient entendu remuer ses gourdes vides. Plus une goutte. La nuit fut sèche pour sa gorge.

Elles furent heureuses quand, à La Mailleraye, il put enfin s'en procurer, deux bouteilles achetées dans un libre-service « Shopi », ainsi que des provisions de bouche pour un jour entier.

Deux de leurs consoeurs chaussures croisées à la mairie leur apprirent qu'un chemin de halage pouvait les conduire jusqu'à Batteville, un autre village, précisant qu'après Batteville, le chemin était impraticable sauf à marée basse, le tout étant de connaître les heures pour ne pas se faire surprendre par la marée montante.

Elles avancèrent un petit peu sur le halage, puis rejoignirent la route par précaution, pour éviter d'être noyées par une montée rapide des eaux.

A partir de Notre-Dame-de-Bliquetuit, un peu après la Mailleraye, ce n'était pas la mer qui inonda leur chemin, mais un déluge de soleil.

Cet après-midi-là fut particulièrement chaud. Inaccessibles au déferlement des températures, elles n'en percevaient pas moins les différences à la façon dont le bitume se faisait plus tendre, plus collant ou plus rugueux sous leurs semelles.

L'air était plus brûlant que d'ordinaire. Certainement à cause de l'absence totale d'arbres sur leur parcours. Quand les rayons du soleil frappent directement le sol, la température s'accroît aussitôt de 20 degrés ou plus.

Les pieds de leur propriétaire s'étaient alourdis après son repas du midi, comme cela se produisait à peu près tous les jours après qu'il eut mangé. Souvent, les après-midi prenaient un rythme plus lent. Il était rare que la vitesse soit identique à celle du matin.

De toute façon, quelle qu'en soit la vitesse, chaque pas en avant les menait vers le rivage qu'elles atteindraient probablement dans deux jours, trois au maximum.

Ecrasé par le soleil, le Fleuve-trotteur porta un regard évasif sur un panneau indiquant "Pont de Brotonne" tandis qu'elles le propulsaient mécaniquement toujours plus en avant sur la route. Quelque part, il y aurait forcément de l'ombre, pas juste cette nudité de prairies que rien ne semblait modifier.

Elles sentirent son regard s'animer quelques kilomètres plus loin.

En face, sur l'autre rive un petit village se découpait dans l'azur sans faille. Villequier, si elles se souvenaient bien de ses paroles. Elles dénotèrent en lui la petite vibration familière de curiosité qui l'amenait souvent à s'engager vers des lieux non prévus sur leur parcours. Mais aucun pont ne haussait son tablier au-dessus du fleuve. Rien qui permettait de traverser et d'aller visiter ce village. Quant à refaire le trajet en arrière, sur 3 km de route brûlante et d'atmosphère surchauffée, les jambes répondaient non.

Les chaussures reprirent donc leur marche.

La veille, elles avaient entendu le randonneur murmurer « Tiens, demain, je passe par la forêt de Brotonne », alors qu'il examinait la carte ainsi qu'il le faisait chaque soir en préparant le trajet du lendemain. Pour l'heure, elles n'en voyaient pas une seule racine. Ce n'est qu'en milieu d'après-midi que les premières branches ombragèrent le chemin, pas immensément cela dit.

La forêt allégeait la morsure du soleil sans pour autant gâcher la vue sur la Seine dont les flots miroitaient à travers les arbres. Elles n'avaient jamais rien vu d'aussi large, peut-être un kilomètre, c'est-à-dire un bon millier de pas.

Quatre kilomètres plus loin, une ouverture se présenta sur leur droite, un espace dépourvu d'arbres, très certainement une voie permettant aux humains l'accès à la Seine.

Et là, miracle, plus de fatigue dans les pieds qui se précipitèrent vers les eaux.

Les bords de la Seine se rehaussaient de rochers explosant d'un éclat métallique sous l'ardeur du soleil. Un amoncellement tel un désert de blocs. Peut-être une protection pour empêcher l'érosion de la berge. Leurs semelles chantèrent en sautant de l'un à l'autre à l'égal de jeunes escarpins qui viendraient tout juste de presser leur premier parquet. Quel plaisir de bondir sur ces rochers après avoir avalé un sol uniforme durant tant de jours !

Une partie des blocs était encore mouillée (sur 1 m 50 de hauteur), indice de marée basse et que celle-ci s'était retirée depuis peu de temps. Ce qui signifiait que ces bords jusqu'à loin en amont avaient été impraticables durant les heures précédentes et que leur propriétaire avait bien fait de ne pas s'y engager.

En cet instant, il admirait les flots.

La Seine prenait des allures d'océan, immense de largeur, de platitude et de réverbérations éblouissantes.

Après cet intermède, elles rejoignirent l'ombrage de la forêt. Pas pour très longtemps d'ailleurs. Après leurs acrobaties sur la crête des rochers, elles se sentaient prêtes à tous les exploits que le sol leur proposerait. Elles ronflèrent de bonheur en gravissant un étroit sentier qui montait si haut dans la forêt qu'elles en crièrent de joie.

Tiens ! Une clairière au beau milieu de la forêt, cernée par des ramures qui filtraient bien moins le soleil, mais qui apportaient malgré tout plus de fraîcheur que la station au grand ciel.

A la manière dont le Fleuve-trotteur arpentait les lieux en scrutant le sous-bois et le terrain, il était sûr qu'il songeait à y établir le campement du soir. En attendant, elles le sentaient trop plein d'allant pour songer à se reposer. L'exploration des alentours l'attirait plus volontiers. Elles aussi.

Elles redescendirent avec lui le sentier pentu pour visiter les ruelles du petit hameau en contrebas, et suivirent la direction qu'une flèche leur indiquait. « La Vacquerie » nota-t-il en relevant l'inscription à l'entrée d'une maison de plaisante figure. Un nom qui ne leur évoquait rien... à lui non plus apparemment, sinon, il aurait sonné à la porte, discuté avec les personnes présentes, et passé plus de temps à la découverte de cette propriété.

En effet, ce n'est que plus tard, après son retour à Lyon, qu'il apprendrait, en consultant un ouvrage offert par la mairie du Havre, que cette maison appartenait à Charles Vacquerie, époux de Léopoldine (fille de Victor Hugo) dont le drame résonne encore aux oreilles des écoliers. Léopoldine et Charles ayant trouvé la mort alors qu'ils traversaient la Seine pour se rendre à Villequier à la suite du retournement de leur barque sous un coup de mascaret. Les deux époux reposent depuis à Villequier.

Mais tout ceci (que cette maison fut celle de Léopoldine) leur propriétaire ne le savait pas encore. Pour l'heure, ce n'était qu'une belle demeure parmi toutes celles qu'il avait aperçues durant son voyage.

Elles s'en retournèrent avec lui sur le sentier et rejoignirent la clairière qui bercerait son sommeil.

Cette fois-ci, il posa son sac à dos, puis les ôta de ses pieds. Il prit soin d'examiner l'extérieur de leurs talons et resta impassible devant ce qu'il convenait d'appeler des vestiges de talons. Il s'attarda sur l'intérieur, sur les rides qu'avaient prises les renforcements adhésifs qu'il y avait placés. Des plis superficiels causés par les mouvements de la marche. Rien de nature à s'alarmer, car ces renforcements avaient été si adroitement collés à l'intérieur qu'elles-mêmes les sentaient d'une robustesse indéfectible.

Il en fut satisfait, les posa sur l'herbe et déroula son tapis.

Elles entendirent son stylo crisser sur son carnet et y exprimer les souvenirs de cette marche, tandis qu'elles se rafraîchissaient l'intérieur, évacuant rapidement les effluves trop marqués de cette très chaude journée.

A un moment, deux de leurs collègues surgirent des bois, aux pieds d'une demoiselle. Elle descendait le sentier pentu qui frôlait la clairière et échangea quelques mots avec lui. Peut-être était-ce une fée qui se promenait par là, ou une elfe des bois. Qui sait si quelques-unes ne résidaient pas en ces bois ?

Elles ne remarquèrent le défilement des heures que lorsque la clarté du ciel baissa suffisamment pour être perceptible. De leur lit d'herbe, elles virent leur propriétaire savourer avec un bel appétit son repas du soir. Aussitôt, elles regrettèrent de ne pas être douées de parole et de ne pouvoir lui crier de ne pas toucher à cette boîte de conserve qu'il avait achetée le matin, et dont l'exposition sous un soleil de feu durant la journée avait pu en altérer la digestibilité. Quand il s'en aperçut, au moment où il commençait à dormir, c'était trop tard pour la tranquillité de sa nuit et de son estomac.

Elles l'entendirent alterner sommeil de quelques minutes et envol dans les buissons pour se soulager. Tout s'apaisa vers les 3 heures. Cependant, loin de rejoindre le moelleux de son tapis de sol pour récupérer, il le roula, l'attacha à son sac à dos et remballa sa tente. Confronté à cet épisode chaotique qui lui avait gâché son repos, elles le sentirent plus déterminé que jamais à mener son périple à son terme. Et puisque se coucher maintenant, c'était risquer de ne se réveiller qu'au milieu du jour, au diable le sommeil et vive la marche ! Il terminerait ce soir son voyage.

Elles ne laisseraient aucun obstacle le freiner. Surtout maintenant que les plages de la Manche se précisaient.

Elles évitèrent les pierres traîtresses qui émergeaient par moments sur le sentier et retrouvèrent la route forestière. En cette nuit d'été, les étoiles palpitaient d'argent. Leur faible clarté leur permit néanmoins d'avancer.

Au sortir de la forêt, l'aube qui pointait dédia ses premiers rayons aux multiples maisons au toit de chaume d'un petit village encore endormi.

A partir de là, plus aucune entrave, ni à la marche ni à l'horizon. Devant elles se dévoila une véritable route côtière. Elles ne pouvaient imaginer un autre terme tant les bords du fleuve ressemblaient au rivage d'une mer.

A Quillebeuf, joli village fleuri, elles apprécièrent les berges si agréablement agencées que c'était un rêve de promenade.

En face, la rive droite abondait en industries dont la silhouette se gravait sur la toile de fond d'un ciel rosi par le soleil.

Elles s'engagèrent plus avant sur la côte,

Et puis soudainement, l'asphalte disparut. Elles cinglèrent sur un sol plus frais, suffisamment calme de bosses et de racines pour leur permettre d'observer plus loin que les prochains pas à effectuer.

Là-bas, un immense trait rouge, un pont gigantesque, barrait l'horizon. Il survolait la Seine sans aucun pilier pour le soutenir. « Le pont de Tancarville » . Un peu plus tôt déjà, à la boulangerie, elles avaient entendu des clients en parler ainsi que du Bac, une embarcation qui faisait la navette entre les deux berges de la Seine, transportant hommes et voitures depuis des temps immémoriaux (voitures à chevaux, autrefois, celles à essence, aujourd'hui). Dans les villages des alentours, les habitants disposaient donc de deux moyens de traverser le fleuve. Le Bac pour les riverains et les amateurs de navigation, le pont pour les autres.

A l'égal du marcheur, les chaussures avaient préféré le grand pont suspendu. Mais les distances sont trompeuses, surtout quand l'édifice aperçu arbore des dimensions auxquelles on ne s'attend pas.

Elles avaient beau pousser leurs semelles sur l'ancien chemin de halage, c'était comme si elles n'avançaient pas. Il leur fallut une bonne vingtaine de minutes pour l'atteindre alors que celui-ci paraissait si proche quand elles l'avaient dévisagé la première fois. Leurs efforts ne faisaient pourtant que commencer. En effet, comment passer sur lui maintenant ? Pas de piliers sur la berge, il prenait son envol à l'intérieur des terres. Elles remontèrent le tablier dans l'espoir de trouver quelque part une entrée accessible aux piétons.

La chance exauça leur voeu. Cinquante ou cent mètres plus loin, un escalier grimpait le long d'un escarpement. Avec quelle vivacité escaladèrent-elles les marches abruptes pour en parcourir enfin le tablier !

De là-haut, la Seine s'élargissait encore. Sur la rive droite, un canal ouvrait au ciel son ruban d'un rectiligne parfait. Dix-neuf kilomètres destinés aux cargos et aux pétroliers dont le tirant d'eau était si prononcé qu'ils ne pouvaient naviguer dans l'estuaire (trop encombré de vase et de sédiments) et qu'il avait fallu creuser une voie spécifique pour permettre leur cheminement vers les ports en amont (celui de Rouen ou celui de Quillebeuf notamment) et vers les raffineries.

Des haubans (des câbles) soutenaient le pont très au-dessus du fleuve pour ne pas empêcher le passage des navires.

C'était le trente juillet, période estivale où la circulation automobile était à son point mort. Répondant aux bons soins de leur propriétaire, les chaussures restèrent sagement sur le trottoir dévolu aux piétons et ne tentèrent pas de s'aventurer sur la chaussée. Durant la longue traversée, un seul véhicule y ronronna.

Au bout du pont, un panneau annonçait le nom d'une petite bourgade, Tancarville, justement. Il aurait été amusant de voir à quoi elle ressemblait, si seulement le Fleuve-trotteur n'avait pas été aussi subjugué par l'estuaire, par le canal et par les dix-neuf kilomètres de ligne droite qui ponctuaient la fin de son voyage. Là-bas, à l'autre extrémité, la ville du Havre les attendait.

Manifestement, il s'interrogeait. Quel chemin emprunter ? Celui du canal, net, sans relief et qui les conduirait en toute certitude à la mer ? Ou le littoral qui esquissait une large courbe et délimitait un espace d'environ 800 m entre le canal et le fleuve, un terrain sauvage, couvert de roseaux et tellement plus attractif.

Elles le sentirent hésiter et observer plus rigoureusement les détails de chaque parcours.

Le terrain sauvage, pour l'instant dégagé des eaux, était néanmoins soumis au flux des marées. Autrement dit, avant de terminer ses 19 km, il aurait de bonnes chances de se faire surprendre par une vague montante d'un mètre cinquante au minimum. Il ne tiendrait pas deux secondes à la pression.

En avant donc pour le canal dont les berges reçurent ainsi le frôlement discret de leurs semelles. Plus haut dans le ciel des oiseaux blancs ricanèrent à leur approche. Leurs rires moqueurs inondaient le canal. Elles ne s'en offusquèrent pas. Elles étaient si heureuses d'être à portée de leur objectif que rien n'aurait pu les perturber. « Des mouettes rieuses » s'exclama soudain leur propriétaire. Ah ! c'était cela. Ces oiseaux ne se moquaient pas de leur passage, mais leur cri prenait cette teinte.

Elles avaient commencé si tôt leur marche qu'elles avaient dépassé le point qu'il avait prévu pour l'étape du soir. En effet, elles avaient retenu de ses délibérations des jours précédents qu'il avait rendez-vous le lendemain dans une petite ville limitrophe au Havre, Harfleur. Or, sa montre indiquait à peine 11 heures et, à l'allure où elles avançaient, elles en atteindraient les murs dans une heure et demie ou deux heures maximum. Qu'allaient-elles faire de tout ce temps libre jusqu'à demain ?

Des interrogations qui s'évaporèrent aussi vite que la rosée du matin.

Aucun humain ni animal ne se montrait hormis les mouettes qui riaient toujours sans raison dans le ciel d'azur, les seules à remarquer leur progression sur le bord du canal. Pas une coque de navire ou de barque sur l'eau calme, pas de mouvement autre que le vol de ces quelques oiseaux. Une lassitude de 19 kilomètres de paysage identique pour quiconque n'aurait pas vécu comme elles une aventure sans précédent et qui ne saurait pas que cette longueur monotone représentait la signature d'un extraordinaire succès qu'elles fêteraient bientôt.

Alors, elles avançaient, sans se soucier de l'uniformité des lieux, les semelles enchantées par leur arrivée prochaine.

Les pieds qu'elles recouvraient étaient eux aussi animés d'une ardeur inhabituelle. Pas une once de fatigue dans les jarrets du Fleuve-trotteur. On aurait dit qu'il venait juste de se lever tant la fraîcheur inondait son visage. Le parfum de la mer peut-être ? Ou celui de l'enthousiasme de toucher à son but.

Des maisons surgirent à l'horizon. Harfleur, sans aucun doute.

Elles n'y portèrent aucune attention, se contentant de quitter le canal pour continuer sur la route qui menait au Havre.

Et puis soudain, voilà le bel aventurier si obnubilé par la mer qui stoppa devant un panneau indiquant « Le Havre ». Juste un pas... il suffisait juste d'un pas supplémentaire et elles seraient arrivées à destination. Pourquoi ne voulait-il pas l'exécuter ? Pourquoi rebroussa-t-il chemin ?

Elles en surent la raison quand il remplit plus tard son carnet, expliquant que ce jour-là, c'était le 30 juillet, et comme le voyage avait débuté le premier, pour des considérations purement esthétiques (ou symboliques), il préférait entrer au Havre le 31. Partir le premier jour du mois et arriver le dernier jour de ce même mois était pour lui le summum de l'élégance.

Bien qu'elles fussent peu sensibles à ce genre de point de vue, typiquement humain et incompréhensible pour des chaussures, elles freinèrent l'impatience de leurs semelles.

L'après-midi venait de commencer. Et puisque le rendez-vous à la mairie n'aurait lieu que le matin suivant, elles se réjouirent de le voir se diriger vers un petit hôtel à proximité pour y déposer son sac à dos, toujours aussi lourd même s'il paraissait ne plus les sentir. Dix-huit kilos de moins sur leurs semelles les rendirent plus alertes que jamais. Et puis, ce soir, il pourrait nettoyer leur robe pour qu'elles soient rutilantes de propreté et qu'elles fassent bon effet devant ses futurs interlocuteurs.

En attendant, elles l'accompagnèrent dans sa promenade à travers la commune. Elles flânèrent de-ci de-là, remontèrent une petite rivière scintillante de soleil (la Lézarde) et prirent le temps d'apprécier les couleurs de cette charmante ville. Elles regagnèrent ensuite le calme leur chambre pour une nuit de bon sommeil.

Pas un souffle ne rompit la quiétude du dormeur. Elles entendaient le bruissement de ses rêves, sensations dont elles ignoraient tout, mais qu'elles savaient être le quotidien de leur porteur.

Contrairement à son habitude, il ne se leva pas aux lueurs de l'aube. Il se prélassa un moment dans le lit avant de s'habiller et de les ajuster à ses pieds. Elles vrombissaient d'enthousiasme retenu. Aujourd'hui, c'était le grand jour. Elles verraient pour la première fois de leur vie de chaussures les flots de la mer.

Dans l'intervalle, il fallait se faire belles pour le rendez-vous à la mairie.

Vers les 9 heures, elles quittèrent la chambre et se dirigèrent gaiement vers le jardin de l'hôtel de ville, aspirant la lumière qui faisait resplendir la patine de leur robe. Pas besoin d'artifice, de cire ou d'autre chose, qui estomperait la teinte durement acquise au fil de ces jours.

Peu après, six autres de leurs collègues vinrent à leur rencontre. Elles habillaient les pieds de la première adjointe, Madame Landry, et de deux autres dames également élues de la municipalité.

Lacets frémissants, elles écoutèrent le Fleuve-trotteur discuter avec ces dames autour d'un café et de quelques biscuits. Elles virent ses yeux briller quand il reçut en cadeau une montre griffée du nom de la ville.

Et par une si belle matinée, quoi de mieux qu'une petite promenade. C'est ainsi qu'avec leurs six consoeurs, elles flânèrent lacets dessus, lacets dessous par les rues d'Harfleur, découvrant maints immeubles centenaires rénovés par la mairie afin de préserver l'harmonie et la ligne esthétique de la ville.

La conversation porta sur la ville et origine de la commune.

Harfleur existait bien avant Le Havre, expliquèrent-elles. Pendant des siècles, Harfleur défendait l'entrée de l'estuaire. C'était un grand port dont la fonction était essentielle pour le pays jusqu'à ce que François 1er décide, en 1517, de la fondation du Havre, à cheval sur le littoral et à l'extrémité de l'estuaire. Le gros du trafic et des activités y fut alors transféré. De ce fait, Le Havre prit une expansion immédiate et occulta complètement le passé glorieux d'Harfleur.

Pire, faute de trafic, les sédiments s'accumulèrent le long de la berge, s'épaissirent, séchèrent et métamorphosèrent cette langue de boue de plusieurs kilomètres de long en un large terrain aussi ferme que s'il avait toujours était présent. Et ainsi, Harfleur qui donnait jadis directement sur la Seine et qui baignait les quais dans l'eau, s'en retrouve désormais éloigné de près d'un kilomètre... ceci en l'espace de 500 ans à peine.

Et comme l'envasement de l'estuaire ne cesse jamais sous le flux constant des sédiments, aujourd'hui la profondeur de l'estuaire n'est plus suffisante pour le passage des énormes cargos et pétroliers au tirant gigantesque. Pour pallier ce problème, il fut décidé le percement d'un canal allant du port du Havre jusqu'à Tancarville.

Les chaussures n'en revenaient pas ! A aucun moment, leurs semelles n'avaient perçu de différence quant à la nature du terrain. La veille, elles avaient couru sur le sol sans jamais se douter que cette terre aussi solide qu'une prairie de montagne n'était autrefois qu'une langue de boue. Et qu'un peu avant encore, ce n'était que de l'eau où croisaient de multiples bateaux.

Après cet entretien avec les dames de la mairie, elles reprirent leur marche.

Cette fois-ci, sous l'impulsion de leur propriétaire, elles franchirent allègrement la frontière entre Harfleur et Le Havre. Toutefois, avant d'arriver aux plages, plusieurs kilomètres restaient à parcourir.

La chaussée qui menait vers le centre-ville était belle et ample, édifiée pour le passage de milliers de véhicules à l'heure en période normale. Une artère indispensable pour une telle capitale, mais dépourvue de trottoir. Du reste, quel piéton viendrait ici puisqu'aucune habitation ne s'élevait sur son périmètre ?

A gauche, une bande de terre gazonnée de dix à quinze mètres de large la bordait sur une distance si longue qu'elles ne pouvaient en déterminer l'envergure. Son herbe, d'un vert et fraîchement coupée, les invita à les embrasser.

Leurs semelles crièrent de surprise quand, au lieu de fouler une douce pelouse, elles chevauchèrent un sol cabossé que la coupe uniforme des tiges avait escamoté, conférant au terrain l'apparence d'une plage de gazon. Elles qui ne rêvaient que de vitesse avaient du mal à progresser sur ce sol irrégulier et se voyaient obligées de s'adapter aux aspérités pour maintenir leur équilibre.

Enfin se profilèrent les premières maisons, et les lisses trottoirs à la mesure de leur vélocité et de leur impatience. De ces premiers quartiers excentrés, elles n'en gardèrent pas de souvenirs tant elles étaient fascinées par ces longs trottoirs qui les invitaient à bondir encore plus vite en direction de la mer.

Et puis soudain, plus rien devant leurs semelles, juste une large place bétonnée, et au-delà de cette place, une plage et une vastitude de bleu qui étincelait d'éclairs sous l'éclat d'un soleil sans nuages.

La mer... immense de bleu et de soleil !

Elles virent le Fleuve-trotteur regarder sa montre. Midi, pile.

Une explosion de bonheur parcourut leur robe. Elles coururent sur la plage jusqu'à toucher les flots. Leur propriétaire, animé lui aussi d'une cascade de joie, ne songea pas un seul instant à déposer son sac à dos, il ne le sentait même pas.

Elles l'entendirent demander à une demoiselle allongée sur son tapis de plage si elle accepterait de le prendre en photo, le dos à la mer.

Et c'est ainsi que les véritables héroïnes de la descente de la Seine se virent gravées sur un cliché photographique pour l'éternité des temps à venir .

Epilogue.

Les chaussures arrivèrent à la mer le samedi 31 juillet. 2004.

Leur propriétaire ayant rendez-vous à la mairie du Havre le lundi suivant, elles l'accompagnèrent au cours de ces deux jours à la découverte de la ville et de ses plages.

Madame Ernoux, adjointe à la culture, remit au Fleuve-trotteur un livre qui lui apprit un riche passé au sujet de Victor Hugo, et notamment cette belle villa de La Vacquerie à proximité de laquelle il avait dormi.

Les chaussures l'emmenèrent ensuite visiter Deauville à proximité du Havre et surtout traverser la Seine sur le Pont de Normandie, dans les 3 km de long, qui part de Honfleur et conduit à la zone portuaire du Havre. Et de là-haut, admirer le soleil couchant sur l'estuaire de la Seine.

Là où le fleuve et la mer ne forment plus qu'une immense étendue et d'où s'évapora le rayon bleu du soleil juste avant que la nuit ne recouvrît l'horizon.

Qui est Séquana ?
Une nymphe, une déesse ou une sirène ?

Quand Patrick Huet entreprit son extraordinaire voyage, il ne savait rien ou presque de Séquana. Tout au plus avait-il entendu que certains nommaient ainsi la Seine à une époque et que tout cela découlait de l'expression « Dea Sequana » signifiant Déesse Séquana.

Par rapport à la grande marche qu'il comptait effectuer, cela n'avait pas vraiment d'importance. Son objectif était la découverte du fleuve de maintenant et l'ardent souhait de s'imprégner de toutes les merveilles qu'il croiserait.

Lors de sa préparation, il ne voulut voir aucune photo, aucune image de la source ni lire aucune information à ce sujet. Ceci pour se réserver toute la spontanéité de sa découverte.

C'est donc avec un regard dépourvu de toute vision et toute idée préconçues qu'il se rendit à la source et qu'il apprit l'existence d'un sanctuaire gaulois dans ce parc dédié dans l'Antiquité à Séquana et qu'il photographia la belle sculpture portant le titre de Nymphe de la Seine.

Durant cette promenade dans le parc des sources (appelé autrefois parc Haussmann), il se contenta d'apprécier les lieux, d'admirer la grotte artificielle qui accueillait les premières eaux, les grands arbres centenaires et le ruisselet qui pétillait sous les herbes.

Ce n'est que plus tard, bien après son retour à domicile, qu'il effectua des recherches approfondies au sujet du parc, du sanctuaire et bien sûr de Séquana.

Il retourna à la source. Les habitants bénévoles entretenaient de nouveau le parc, ils avaient même dégagé le lieu des fouilles de la végétation qui l'avait envahi. Il se rendit aussi au musée archéologique de Dijon pour en apprendre davantage au sujet de Séquana et surtout en voir les représentations et les divers objets et sculptures que les fouilles avaient mis au jour.

Qui est Séquana ?
C'est donc à la suite de ses recherches qu'il détermina qui était réellement Séquana.

Séquana n'a rien à voir avec la nymphe de la Seine. Et si la sculpture érigée dans le bassin à la source de la Seine porte le titre de Nymphe de la Seine, c'est tout simplement qu'au XIX° siècle personne ou presque ne connaissait le nom de Séquana. Il était tombé dans l'oubli depuis plus de mille ans. Des fouilles archéologiques récentes avaient révélé l'existence d'objets signés Sequana, et donc de l'existence de cette dernière en tant que protectrice des lieux et divinité guérisseuse de différents maux (physiques ou moraux).

En résumé.

Séquana. C'est la divinité, la déesse protectrice des sources de la Seine. Les sculptures retrouvées la représentent soit comme une dame assise sur un socle de pierre, soit debout sur une barque dont la proue est en forme de bec de canard. Son nom gaulois ne nous est pas parvenu (selon certains chercheurs il se prononçait certainement Sekna, mais c'est une supposition). Seul le nom latinisé Dea Sequana (car la Gaule fut conquise par les Romains) figure sur les pièces retrouvées.

Pourquoi parle-t-on de la Nymphe de la Seine ?

Parce qu'à une époque, tout ce qui venait de l'Antiquité était en faveur, notamment les nymphes. On symbolisait les rivières, les sentiments, les émotions sous forme de Nymphes. Nymphe de la Seine, Nymphe des Tuileries, etc. La première mention de Nymphe de la Seine revient à *Remy Belleau. En 1559, il compose un poème (Épithalame) en l'honneur du mariage du Duc de Lorraine. Dans celui-ci interviennent plusieurs nymphes de la Seine (pas seulement une) des demoiselles surnaturelles vivant en bord de Seine qui chantent un passage en réponse aux nymphes de la Meuse (qui elles vivent au bord de la Meuse).*

Pourquoi certains parlent-ils de Séquana comme étant la fille de Bacchus ?

Parce qu'ils ont voulu trouver quelque chose à dire au sujet de Séquana. Or, il n'existe aucun document à son sujet. Son souvenir a été complètement balayé dans le temps. On n'a retrouvé son existence qu'en 1836 par des objets gravés à son nom.

Le fait est qu'un écrivain, Bernardin de Saint-Pierre écrivit en 1788 (donc bien longtemps avant la découverte de Séquana un livre intitulé *l'« Arcadie »* dans lequel un de ses personnages, un marin, raconte à un autre (au moment où ils traversent l'estuaire de la Seine) que le fleuve a été créé par Bacchus qui a changé sa fille (une nymphe) en cours d'eau. Il n'y avait donc pas de fleuve auparavant à cet endroit, ce qui n'a pas empêché l'auteur d'appeler sa nymphe, la nymphe de la Seine.

Il s'agit juste de quelques lignes d'un roman imaginaire, inspiré d'ailleurs par des mythes se déroulant en Grèce.

Bref, d'une façon ou d'une autre, ils ont tout confondu. Ils ont assimilé la nymphe des poètes avec celle inventée par Bernardin de Saint Pierre et avec la déesse Séquana que personne ne connaissait à l'époque.

Donc, faites bien la différence.

Séquana est la déesse protectrice des sources de la Seine. Elle provient de la mythologie gauloise.

Le reste provient de l'imagination des poètes et des artistes.

Qu'est-ce qu'un fleuve ?

Qu'appelle-t-on un fleuve ? Que recouvre ce terme ?

** **Définition** : Le mot fleuve est une particularité française. Il désigne un cours d'eau très spécifique, à savoir un cours d'eau qui se jette dans la mer.

La différence est notable avec la définition d'une rivière qui, elle, se jette dans un autre cours d'eau, qu'il soit un fleuve ou une autre rivière.

Ceci est donc la définition de base d'un fleuve : "un cours d'eau qui se jette dans la mer".

En parallèle à cela, que son débit soit faible ou imposant, que sa longueur (de sa source à son embouchure) soit minuscule ou interminable, toutes ces caractéristiques physiques n'entrent pas en ligne de compte.

** **Définition étendue d'un fleuve.**

Depuis quelque temps des voix s'élèvent pour que l'on revoie la définition de fleuve dans un sens plus large.

Cette définition étendue serait. Fleuve : un cours d'eau qui finit sa course dans la mer, dans un lac ou dans un désert.

Cette nouvelle définition est cohérente avec l'esprit de la première qui avait pour objet de différencier les cours d'eau qui alimentent d'autres cours d'eau (et dont le flux continue finalement son parcours dans une autre voie)

151

de ceux qui se terminent définitivement. En effet, le flux de l'eau prend fin à la mer.

Il se trouve qu'en certains lieux, le flux d'un cours d'eau termine sa course dans un lac. C'est rare, mais cela arrive.

De même, on a rapporté le cas d'un cours d'eau finissant dans un désert. Je n'ai pas eu l'occasion de vérifier la véracité de cette source. Je ne mentionne donc cette information qu'à titre indicatif. Car le cas peut se présenter réellement dans les grands déserts où des cours d'eau modestes se voient aspirer peu à peu par les sables au fil de leur progression.

** Définition complète d'un fleuve.
(Définition proposée par Patrick Huet.)

Au regard de ces deux découvertes, il est donc tout à fait pertinent de présenter cette nouvelle définition plus précise d'un fleuve.

Un fleuve est **Un cours d'eau dont le flux se termine définitivement.**

Un cours d'eau qui se jette dans la mer ou dans un lac, ou qui finit sa course dans un désert. A la différence d'une rivière dont le flux continue dans un autre cours d'eau.

Quelle longueur pour un fleuve ?

En France le plus long des fleuves dépasse les mille kilomètres. Il s'agit de la Loire. Du Mont Gerbier-de-Jonc où elle prend sa source jusqu'à la mer (à Saint-Nazaire face à l'Océan Atlantique), ses rives se déploient sur 1.012 km.

Le plus petit fleuve de France.

Le plus petit des fleuves de France surprendra nombre de lecteurs.

Il s'agit de "La Veule" (certains l'orthographient "La Veules"). De la première goutte de sa source jusqu'à son premier baiser à la mer, ses eaux se déroulent sur 1 kilomètre et 200 mètres. Autant dire, une volée de pas pour un Fleuve-trotteur habitué à des parcours autrement plus consistants, mais une promenade agréable non loin de la mer par temps de vacances.

Pour les amateurs, sa source (et son embouchure d'ailleurs) se situe dans la commune de Veules-les-Roses, en Seine-Maritime (département 76) plus exactement dans le Pays de Caux.

Fleuve côtier.

La Veule n'est pas une exception. Les fleuves dont la longueur n'excède pas quelques dizaines de kilomètres parsèment les Côtes de France de la Mer du Nord à la Mer Méditerranée. Vu leur dimension, ils prennent leur source pas très loin à l'intérieur des terres, et la majeure partie de leur trajet s'effectue à proximité d'une côte. Ainsi, les a-t-on baptisés "Fleuves côtiers".

Le fleuve - une exception française.

Les autres pays ne possèdent pas cette notion de fleuve dans la langue courante. Par exemple le Mississippi qu'en France nous qualifions de "fleuve", est connu aux USA comme The Mississippi River (ou Mississippi tout court). Tout grand cours est appelé "Rivière" (River).

Index des lieux cités.
(Villes, villages, hameaux, îles, ponts et parc.)

Alfortville
Andrésy
Baigneux-les-Juifs
Bar-sur-Seine
Barneville
Bassée (la) territoire autour de Nogent-sur-Seine.
Batteville
Bois de Boulogne
Bois-le-Roi
Boissise-le-Roi
Bonnières-sur-Seine
Bourgtheroulde
Bray-sur-Seine
Brotonne (forêt de)
Carrières-sous-Poissy
Carrières-sur-Seine
Chanteloup-les-Vignes
Chappes
Chartrettes
Château Gaillard
Châtillon-sur-Seine
Châtillonnais (le)
Choisy-le-Roi
Clichy
Colombes
Conflans-Sainte-Honorine

Corbeil-Essonnes
Coulanges
Courteron
Créteil
Croissy-sur-Seine
Dammarie-les-Lys
Deauville
Dijon
Elbeuf
Epinay-sur Seine
Essonne
Evry-sur-Seine
Fontainebleau
Freneuse
Ghesle
Gommeville
Gyé-sur-Seine
Hardricourt
Harfleur
Héricy
Honfleur
Île de Chatou
Île de France
Île de la Jatte
Île de Puteaux
Île Olive
Île Saint-Denis.
Jaulne
La Bouille
La Défense

La Mailleraye
La Motte Tilly (château)
La Tombe
La Vacquerie
Le Coudray-Montceau
Le Lion
Le Pecq
Le Thuit
Le Val-Saint-Martin
Le Vésinet
Le-Mesnil-le-Roi
Les Andelys
Les Moulineaux
Les Roches d'Orival
Levallois-Perret
Limay
Lyon
Maisons-Laffitte
Mantes-la-Jolie
Mantes-la-Ville
Mauny-le-Bas
Melun
Moisson
Montereau-Fault-Yonne
Moret-sur-Loing
Mussy-sur-Seine
Nanterre
Neuilly-sur-Seine
Nogent-sur-Seine
Notre-Dame-de-Bliquetuit

Oigny
Oissel
Orival
Orly
Orret
Parc des Chanteraines
Parc Haussmann
Paris
Petit Noisy
Plaines-Saint-Lange
Polisot
Pont Alexandre III
Pont de Brotonne
Pont de l'Alma
Pont de l'Ecluse
Pont de Normandie
Pont de Tancarville
Pont Mirabeau
Pont-Neuf
Porcheville
Port Autonome de Paris
Port Montain
Port-Villez
Poses
Pothières
Pressagny-l'Orgueilleux
Quémigny (le château)
Quémigny-sur-Seine
Quillebeuf
Ris-Orangis

Rolleboise
Romilly-sur-Seine
Rouen
Saint-Denis
Saint-Etienne-du-Rouvray
Saint-Fargeau-Ponthierry
Saint-Germain-en-Laye
Saint-Germain-Source-Seine
Saint-Julien-les-Villas
Saint-Just
Saint-Marc-sur-Seine
Saint-Mesmin
Saint-Ouen
Saint-Parres-les-Vaudes
Saint-Pierre-de-Vouvray
Sainte-Colombe-sur-Seine
Samoreau
Tancarville
Triel-sur-Seine
Troyes
Vaux-sur-Seine
Vigneux
Villeneuve-la-Garenne
Villeneuve-le-Roi
Vitry-sur-Seine
Vix
Vulaine
Yville-sur-Seine

Du même auteur

*** Thème du voyage, nature et découverte.**

- Le Rhône à pied du glacier à la mer.
- Descente de la Saône à pied, histoire d'un Fleuve-trotteur.
 - La Seine à pied de la source à la mer.
- Le fabuleux passé des sources de la Seine.

*** Romans.**

- La traversée de la Manche à pied et en scaphandre
- Ganaël et les fantômes des Reinettes.
- Petite leur des Champs et La Pierre de Soleil.

*** Recueils de nouvelles :-** Merveilles et Mystères.

*** Poésie.**

- Déclarations d'amour.
- Extraits choisis du poème d'un kilomètre de long.
- Des parcelles d'espoir à l'écho de ce monde.

*** Contes pour enfants**

- Laetitia la petite sirène – histoires féeriques.
- Farandoline de Pâques.
- A la recherche du pays des tortues jaunes.

Note finale.

Patrick Huet a longé entièrement à pied le Rhône, la Saône et toute la Seine, chaque fois depuis la source jusqu'à l'embouchure.

À la suite de ces voyages, il a pris le nom de Fleuve-trotteur, Vous trouverez des informations au sujet de ces deux autres périples sur le site « fleuve-trotteur » : www.fleuve-trotteur.net